# Einfach asiatisch

## Christian Henze

### Asiatische Küche aus dem Supermarkt

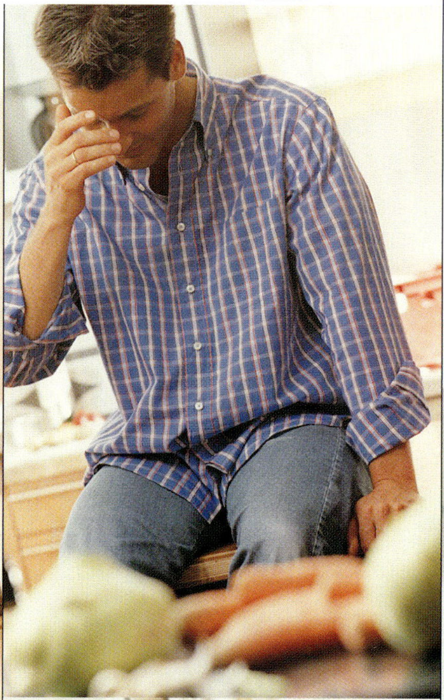

# Vorwort

Liebe Hobbyköche,
liebe Asienliebhaber,

meine Fernostreise ist bereits ein paar Jahre her, aber meine Leidenschaft für die asiatische Küche, die ich damals entdeckt habe, ist bis jetzt noch nicht abgekühlt. Ich erinnere mich noch gut. Bei jedem Bummel durch die Straßen war ich wieder aufs Neue beeindruckt, als ich sah, daß selbst an den einfachsten Straßenständen mit einem Minimum an Zutaten und Aufwand die herrlichsten Köstlichkeiten gezaubert wurden. Begeistert habe ich den Köchen bei der Arbeit zugesehen. Mit nur wenigen, flinken Handgriffen waren rasch etwas Gemüse und Fleisch oder Fisch geschnitten und gemeinsam in einem Wok über der offenen Flamme gegart. Nach wenigen Minuten stand das fertige Gericht auf dem Tisch. Den Duft habe ich heute noch in der Nase. Das war genau der Zeitpunkt, als ich beschloß, auch in meinem Restaurant asiatische Gerichte zu kochen.

Wieder zu Hause, mußte ich zum einen leider feststellen, daß es gar nicht so einfach ist, die entsprechenden Lebensmittel zu bekommen. Nicht in jedem Ort gibt es einen gut ausgestatteten Asienmarkt. Und hat man einen gefunden, steht man ratlos vor dem Regal und weiß nicht, welche der vielen unbekannten Zutaten für welche Gerichte benötigt werden. Zum anderen fand ich in den meisten Kochbüchern auch keine brauchbare Hilfe. So gut wie alle Rezepte enthielten schier unendliche Listen an schwer aufzutreibenden Zutaten. Aber vielleicht waren all diese asiatischen Lebensmittel gar nicht nötig. Ein paar typische Grundzutaten aus dem Asia-Shop müßten doch eigentlich ausreichen. Alles andere könnte ich ganz einfach im Supermarkt nebenan kaufen. Ich habe es ausprobiert, und es hat geklappt. Seitdem stehen bei mir immer wieder asiatische Gerichte auf der Speisekarte. Zwar sind es keine hundertprozentig authentischen Originale, dafür aber Gerichte mit einem einzigartigen, extravaganten fernöstlichen Flair.

Die Möglichkeit, wirklich simpel asiatisch zu kochen, wollte ich Ihnen keinesfalls vorenthalten. Deswegen habe ich alle meine Ideen in diesem Buch zusammengefaßt, damit auch Sie ganz problemlos die Asienküche zu sich nach Hause auf den Teller holen können: schnell, einfach und schmackhaft.

Ich hoffe, ich konnte Sie mit meiner Begeisterung für die asiatische Küche anstecken, und Sie machen sich gleich ans Ausprobieren. Falls Ihnen doch noch etwas mulmig zumute ist, Sie ein wenig Angst vor komplizierten Zubereitungen haben, kann ich Sie beruhigen. Es kann wirklich nichts schiefgehen. So, und jetzt verbleibt mir nur noch, Ihnen unheimlich viel Spaß beim Nachkochen und natürlich beim anschließenden Genießen zu wünschen.

Herzlichst
Ihr

# Inhaltsverzeichnis

## Curries mit und ohne Feuer

## Alles aus dem Meer

## Lust auf Fleisch

## Ideen für Drinks und Desserts

# Die 5 Basics
## für die asiatische Küche

Wie versprochen, benötigen Sie wirklich nur wenige fernöstliche Grundzutaten. Genaugenommen sind es fünf Basics, mit denen Sie simplen Gerichten asiatische Raffinesse verleihen. Hier für Sie ein paar Informationen dazu.

Um diese Basics (Grundzutaten) zu besorgen, müssen Sie einmal in den Asienmarkt. Das heißt, mittlerweile finden Sie Kokosmilch, Sesamsamen, Sojasauce und Ingwer bereits in vielen gutsortierten Lebensmittelgeschäften. Haben Sie die Basics dann erst einmal im Vorratsschrank, können Sie mit ihnen nach Lust und Laune nach und nach dieses und jenes Rezept ausprobieren. Alle weiteren Zutaten zum ausgewählten Rezept kaufen Sie am besten frisch.

ÜBRIGENS: Eine große Packung Basmati- oder Duftreis sollten Sie auch immer zu Hause haben, der paßt als Beilage zu so gut wie jedem Asia-Gericht. Wenn Sie gerade sowieso wenig Zeit zum Kochen haben, schmeckt meistens auch frisches Weißbrot dazu.

## Sesam

Das fein-nussige Aroma der winzigen Samen der einjährigen Sesampflanze wie auch des daraus hergestellten recht dickflüssigen Öles läßt sich kein Asiate entgehen. Weißer und brauner Sesam, aber auch schwarzer, der eigentlich Schwarzkümmel heißt, wird über zahlreiche Gerichte gestreut oder unter Panaden gemischt. In Sesamöl – gibt es von hellgelb bis dunkelorange – wird Fleisch, Geflügel, Fisch oder Gemüse gebraten, häufiger aber werden Gerichte auch nur damit gewürzt. Während sich das einmalige Nußaroma beim sanften Rösten der Samen erst so richtig entwickelt, verflüchtigt es sich dagegen beim Öl ein wenig. Dem kann man entgegenwirken, indem Wok oder Pfanne nicht zu stark erhitzt werden, bevor das Öl hineinkommt. Auch kann so manches Rezept nach dem Garen noch mit einem extra Schuß Öl aromatisiert werden.

ÜBRIGENS: Je heller die Farbe der Samen oder des Öles ist, desto milder ist der Geschmack, je dunkler, desto intensiver und erdiger. Schwarzer Sesamsamen schmeckt ein wenig bitter und hat eine leichte Schärfe, fast wie Pfeffer.

## Ingwer

Auch Ingwer fehlt in keinem asiatischen Haushalt. Mit seiner fruchtigen, ausgeprägten Schärfe verleiht der Wurzelstock einer einjährigen Staude so einigen Gerichten ihre typische Note, und er macht Fleisch mürber.

Frisch schmeckt Ingwer am allerbesten. (Sie können ihn aber auch getrocknet und gemahlen sowie eingelegt oder kandiert kaufen.) Damit Sie in den vollen Genuß kommen, unbedingt junge, schön feste Wurzeln mit hauchdünner, straffer Haut und hellgelbem, saftigem Fleisch kaufen. Drücken Sie ruhig einmal kurz, aber kräftig auf die Wurzel, damit Sie die Festigkeit prüfen können. Ein weiteres Merkmal für sehr junge Wurzeln sind rosa Spitzen. Den Ingwer mit einem kleinen scharfen Messer schälen, in feine Würfel, Scheiben oder Streifen schneiden, reiben oder wie Knoblauch durch die Presse drücken. Das Pressen funktioniert aber nur mit ganz frischem Ingwer, älterer ist zu faserig.

ÜBRIGENS: Ungeschält hält sich Ingwer (am besten in Zeitungspapier eingepackt) im Gemüsefach des Kühlschranks etwa 2–3 Wochen frisch.

### Sojasauce

Diese pikante Sauce ist das Universalgenie der asiatischen Küche. Würzen, Marinieren, Kochen – alles ist möglich.

Traditionell wird die Sojasauce in einem langwierigen (etwa 6 Monate bis 1 Jahr) und aufwendigen Prozeß mit Hilfe von Pilzen, Enzymen, Bakterien und einigen anderen Zutaten aus Sojabohnen hergestellt. Heutzutage wird diese Methode allerdings mehr und mehr durch ein industrielles Schnellverfahren abgelöst. Saucen aus solchen Produktionen (auf dem Etikett Hinweise auf Karamel, künstliche Aromen, Zucker und ähnliches) sind nicht empfehlenswert.

Je nach Herstellungsland entstehen Sojasaucen von unterschiedlicher Farbe, Geschmack und Konsistenz. In China sind Sojasaucen (jiang, yong, hoisin) dunkel und haben ein sehr intensiv würziges Aroma. Aus Indonesien kommen »ketjap asin«, eine dunkle, dickflüssige, leicht gesalzene Sojasauce, und die süßliche Variante »ketjap manis«. Japanische Sojasaucen (shogu, shoshoyu) sind dagegen hell, flüssig und entweder leicht salzig oder süßlich.

### Kokosnuß

Kokospalmen wachsen in Asien wie Sand am Meer. Kein Wunder also, daß deren köstliche Steinfrucht, die Kokosnuß, nur allzuoft »verkocht« wird.

Kokosmilch steht dabei an erster Stelle. Hierfür läßt man das geraspelte, pürierte, weiße Fruchtfleisch der Nuß in heißem Wasser ziehen und drückt das Ganze dann aus. Kokosmilch gibt es in Dosen unterschiedlicher Größe zu kaufen. In konzentrierter Form finden Sie die Milch unter der Bezeichnung Creme oder Paste im Regal. Alternativen dazu sind zu Blöcken gepreßtes Kokosmilchkonzentrat oder Kokosmilchpulver, das Sie aber vor der Verwendung zuerst gründlich mit heißem Wasser verrühren müssen.

Ebenfalls verwendet werden frische oder getrocknete Kokosraspel und -späne. Sie liefern nicht nur Aroma, sondern sind auch ein optischer Blickfang, wenn man sie über das fertige Gericht streut.

**Übrigens:** Achten Sie immer auf ungesüßte Ware! Falls Sie nur gesüßte bekommen, bitte den Honig oder den Zucker im Rezept reduzieren, sonst wird das Gericht viel zu süß.

### Frühlingsrollenteig

Dieser Teig ist aus fast allen Ländern Asiens nicht mehr wegzudenken. Weizenmehl, Wasser, Salz, Eier und Schweineschmalz oder Öl werden zu einem Teig verknetet und zu hauchdünnen Blättern ausgerollt. Sie sind die Basis für Frühlingsrollen (daher auch der Name des Teiges) oder so manch andere Köstlichkeit. Frühlingsrollenteig bekommen Sie im quadratischen oder runden Teigstapel in unterschiedlicher Größe – tiefgekühlt im Gefriergerät oder frisch im Kühlregal.

Zu verarbeiten ist der Teig ganz einfach: Blätter unter einem feuchten Tuch auftauen lassen. Dann nach und nach benötigte Teigblätter vom Stapel abziehen und sofort verarbeiten. Teigstapel immer wieder mit dem feuchten Tuch abdecken, damit die Blätter nicht austrocknen.

**Übrigens:** Nicht verwendete Teigblätter gut verpacken, wieder einfrieren und ein anderes Mal verbrauchen. Ist im Rezept eine bestimmte Form oder Größe angegeben, Sie aber haben eine andere zu Hause, können Sie auch diese verwenden. Sie müssen nur die Menge der Füllung verringern oder die Blätter zuschneiden.

# Kräuter und Gewürze sorgen für Feinschliff im asiatischen Stil

Sind die Zutaten gründlich vorbereitet, geht das Zubereiten schnell von der Hand.

In ganz Asien wie auch bei uns in Europa und bei mir im Restaurant sind Gewürze und Kräuter bei der Geschmacksgebung der Gerichte ebenso ausschlaggebend wie alle anderen verwendeten Zutaten. Das heißt, eigentlich sind sie sogar extrem wichtig, denn sie sorgen für das gewisse Etwas, machen jedes noch so einfache Gericht zum kulinarischen Highlight. Notwendig sind dafür nur kleinste Mengen.

Durch das tropische Klima gedeiht in asiatischen Ländern eine unglaubliche Vielfalt an Kräutern und Gewürzen. Eine ganze Reihe sind uns unbekannt und auch recht schwer zu bekommen. »Alte Bekannte« wie Zimt, Kümmel, Nelken, Knoblauch, Chili, Safran, Basilikum und Schnittlauch können Sie so gut wie in jedem Lebensmittelgeschäft kaufen – und auch sie verleihen Gerichten von A bis Z eine fernöstliche Note. Genau diese Kräuter und Gewürze verwende ich in diesem Buch, schließlich soll alles ganz einfach gehen: Zubereitung wie auch Einkauf.

## Frisch eingekauft

Frische Kräuter, sprich die grünen oberirdischen Teile von Würz- und Heilpflanzen, sowie frische Gewürze, also Pflanzenteile wie Samen, Blüten, Rinden oder Wurzeln kaufe ich, soweit es geht, täglich neu ein. So bin ich sicher, daß enthaltene ätherische Öle, Vitamine, Mineral- und Bitterstoffe noch voll enthalten sind. Damit diese Stoffe richtig zur Geltung kommen, wasche, putze und zerkleinere ich diese Kräuter und Gewürze kurz vor der Zubereitung. Bis auf wenige Ausnahmen gebe ich sie erst kurz vor dem Servieren mit in den Topf oder streue sie über das fertige Gericht auf dem Teller. Sonst geht das Aroma ebenfalls verloren. Sollten Kräuterzweige übrigbleiben, schlage ich sie in ein feuchtes Tuch ein und lege sie ins Gemüsefach. So aufbewahrt sind sie auch am nächsten Tag noch relativ frisch.

Bereits beim Schneiden der Ingwerwurzel strömt ein herrlicher Duft durch die Küche.

## Getrocknet aus dem Vorrat

Getrocknete Kräuter verwende ich nur ab und zu, und zwar dann, wenn es schnell gehen muß und ich keine frischen Kräuter zur Hand habe. Getrocknete Gewürze wie Pfeffer, Muskatnuß oder Zimt stehen bei mir dagegen immer im Küchenregal. Dabei achte ich aber darauf, daß sie nicht zu alt und auch noch nicht gemahlen sind, sonst ist der größte Teil des herrlichen Aromas und Geschmacks bereits verflogen, bevor ich sie verwenden kann.

## Frisch mahlen ist das A und O

Erst kurz bevor sie in den Kochtopf kommen, zerkleinere ich die benötigten getrockneten Kräuter und Gewürze. Sehr gut geht das in einem Mörser, einer dickwandigen Schale aus Stein, Marmor oder einem anderen festen Material, in der man sie mit Hilfe eines Stößels zerstoßen oder zerreiben kann. Viel lieber benutze ich dazu jedoch eine WMF-Gewürzmühle. Nur zwei oder drei Dreher nach links und rechts, und das eingebaute Keramikmahlwerk sorgt dafür, daß jegliche getrocknete Kräuter und Gewürze fein oder grob – je nach Bedarf – gemahlen werden. Genau zu diesem Zeitpunkt ent-

falten sie ihr Aroma neu, denn beim Mahlen werden die enthaltenen ätherischen Öle freigesetzt, die den intensiven Geschmack erst so richtig zur Geltung bringen.

## Henzes Spezialgewürz – die asiatische Mischung aus der WMF-Mühle

Falls Sie Ihre Lieblingsrezepte mit einer feinen asiatischen Note versehen oder den Gerichten aus diesem Buch noch mehr Power geben möchten, können Sie dies mit einer Gewürzmischung tun, die ich mir speziell dafür ausgedacht habe. Sternanis, Nelken, Bockshornklee, Koriander, Chili und Fenchel sorgen für einen fernöstlichen Touch und für eine angenehme Schärfe. Die Mischung nur in die WMF-Mühle füllen und los geht's!

## Diesen Gerichten geben Sie mit Henzes »Asiagewürz« (original in der WMF-Mühle) extra Pfiff

- ➤ Scharf-saure Suppe (Seite 16)
- ➤ Fruchtiger Glasnudelsalat (Seite 20)
- ➤ Gefüllte Selleriestangen (Seite 30)
- ➤ Süß-saure Nudelpfanne (Seite 33)
- ➤ Mildes Seafood-Curry (Seite 44)
- ➤ Raffiniertes Lammcurry (Seite 50)
- ➤ Pikanter Curryreis (Seite 54)
- ➤ Knoblauch-Garnelen (Seite 61)
- ➤ Fischfilet mit feurigen Nudeln (Seite 67)
- ➤ Tempura-Fischbällchen (Seite 71)
- ➤ Exotische Hähnchenschenkel (Seite 84)

# Wichtige »Küchenhilfen« – ohne sie läuft nichts

Die Zubereitung von köstlichen Gerichten ganz im asiatischen Stil ist denkbar einfach und vollkommen unproblematisch. Wichtig sind neben den Zutaten eigentlich nur ein paar wirklich scharfe Messer in unterschiedlicher Größe, ein Stabmixer und ein Wok, die fernöstliche Variante unseres Topfes. Selbstverständlich können Sie alle Gerichte auch im Topf oder der Pfanne zubereiten, wenn Sie aber wie ich der asiatischen Küche so richtig verfallen sind, macht das Kochen im Wok erst richtig Spaß.

## Asiens Allroundgenie

In Asien ist ein Haushalt ohne Wok undenkbar, in ihm wird gedünstet, gebraten, gedämpft und natürlich fritiert. Die große Oberfläche und der hochgezogene Rand machen es möglich: Alle Zutaten finden Platz, es kann kräftig gerührt werden, so daß alle Zutaten gleichmäßig Hitze abbekommen, und auch spezielle Dämpfkörbe aus Bambus samt Inhalt passen hinein.

## Wok ist nicht gleich Wok

Traditionell ist der Wok aus Stahl und hat einen runden Boden. So gibt es ihn im Asienladen relativ günstig zu kaufen. Sie sollten aber wissen, daß diese Art von Wok nach jeder Verwendung eingeölt und immer luftig aufbewahrt werden muß, da das Material sonst zu rosten beginnt. Hinzu kommt, daß Woks mit rundem Boden ausschließlich für den Gasherd geeignet sind. Ich persönlich finde das nicht so günstig. Bei mir in der Küche steht ein relativ schwerer Wok aus rostfreiem Edelstahl (Cromargan®-Qualität) mit einem abgeflachten Super-Sandwich-Boden. Das garantiert eine optimale Wärmeverteilung auf herkömmlichen Herdplatten, auf einem Ceranfeld wie auch auf dem Gasherd. Das Material ist äußerst unkompliziert in der Reinigung und daher pflegeleicht. Woks aus Gußeisen haben die gleichen Eigenschaften und sind ebenfalls sehr zu empfehlen.

Ein Super-Sandwich-Boden garantiert eine optimale Wärmeverteilung.

Asiatisch zu kochen macht im Wok erst so richtig Spaß.

## Kochen im Wok: ganz einfach

Den Wok erhitzen, dann das Öl hineingießen und ebenfalls heiß werden lassen. Erst jetzt die Zutaten dazugeben. Das gewährleistet ein sofortiges Anbraten und eine möglichst kurze Garzeit, so daß beispielsweise Gemüse schön knackig bleibt.

## Die gehören in jede Küche

Scharfe Messer dürfen in keiner Küche fehlen, vor allem nicht, wenn man asiatisch kochen möchte, denn fast alle Zutaten werden hier fein geschnitten, damit die Garzeit kurz ist. Zu Ihrem Equipement sollte ein kleines Gemüsemesser (8–9 cm Klingenlänge) gehören, mit dessen handlicher kleiner Klinge Sie Gemüse und Obst putzen und zerkleinern oder Garnelen vom Darm befreien können. Ein Allzweck- oder ein Zubereitungsmesser (10–14 cm Klingenlänge) ist zum Zerteilen von Gemüse, Fleisch, Wurst und Fisch sowie zum Schälen von größeren Früchten bestens geeignet. Das Kochmesser (15–20 cm Klingenlänge) verwenden Sie nicht nur, um Fleisch, Geflügel, Fisch und Gemüse zu schneiden und zu portionieren, auch das Hacken von Kräutern und Nüssen geht mit ihm leicht von der Hand.

Vom Feinsten: Klingen aus hochwertigem Spezialklingenstahl geschmiedet, Griffe aus unverwüstlichem Cromargan® und dazu ein anspruchsvolles Design.

## Der Griff zum etwas teureren Messer lohnt

Hochwertige, geschmiedete Messer aus rostfreiem Spezialklingenstahl sind zwar nicht ganz billig, der Kauf lohnt sich aber in jedem Fall. Sie sind rundum stabil, verbiegen sich nicht und bleiben sehr lange richtig schön scharf – selbst beim tagtäglichen Gebrauch im Restaurant. Achten Sie auf Klingen mit dickem Rücken (mindestens 1 mm), die sich zur Schneide hin gleichmäßig verjüngen. Die Klinge sollte eine Verlängerung haben, die fest mit dem Griff verbunden ist. Eine massive Verdickung zwischen Klinge und Griff sorgt für die richtige Balance (fürs Schneiden der Zutaten wichtig) und dient gleichzeitig als Fingerschutz.

## Klein, aber oho: der Stabmixer

Ein Stabmixer oder Pürierstab macht Ihre Küchenausstattung perfekt. Mit diesem Gerät verarbeiten Sie kinderleicht gedünstetes Gemüse und sämige Flüssigkeit zu cremigen Saucen oder schäumen Drinks auf. Entweder bekommen Sie den Stab als Zusatzaufsatz für den Handrührer oder als extra Gerät. Wofür Sie sich entscheiden, bleibt Ihrem Geschmack überlassen.

> ► Küchengeräte – nicht die Menge macht's, wichtig ist vor allem die Qualität!

# 1

# Scharfe Suppen, schnelle Snacks

Ohne sie läuft in Asien gar nichts,
denn diese kleinen, ausdrucksstarken
Köstlichkeiten werden dort zu jeder
Tages- und Nachtzeit verspeist.
Einfach zwischendurch oder aber als
Vorspeise verführen sie den Gaumen.

# Delikater Geflügeltopf

## mit zartem Gemüse

### Für 4 Personen

Sie brauchen dazu 40 Minuten
(+ 30 Minuten köcheln lassen)

➤ *Sättigt und wärmt den Magen*

**DIESE BASICS BRAUCHEN SIE:**
*6 EL Sojasauce*
*1 TL geriebene Ingwerwurzel*
*7 EL Sesamöl*
*2 Blätter Frühlingsrollenteig*
*  (21,5 x 21,5 cm)*

**DIE RESTLICHEN ZUTATEN:**
*1 küchenfertiges Hähnchen*
*  (ca. 800 g)*
*2 Zwiebeln*
*1 Möhre*
*4 Knoblauchzehen*
*80 g Champignons*
*2 EL Keimöl*
*1/2 TL Chilipulver*
*Pfeffer aus der Mühle*
*1 l Pflanzenöl zum Fritieren*
*Saft von 1/2 Zitrone*
*Salz*
*1 Eigelb*

**1** Das Hähnchen in 4 Teile schneiden, waschen und trockentupfen. Zwiebeln, Möhre und Knoblauch schälen. Champignons mit einem trockenen Tuch abreiben. Vorbereitetes Gemüse in kleine Würfel schneiden, dabei vom Knoblauch 1 TL beiseite stellen.

**2** Das Keimöl erhitzen und das Gemüse bei starker Hitze anschwitzen. Mit 1 l kaltem Wasser aufgießen, Geflügelteile einlegen und alles bei geringer Hitze 30 Minuten köcheln lassen.

**3** Geflügel aus der Brühe nehmen, das Fleisch in mundgerechten Stücken vom Knochen lösen und zwei Drittel davon in die Brühe geben. Mit 5 EL Sojasauce, Ingwer, 5 EL Sesamöl, Chilipulver und etwas Pfeffer würzen.

**4** Das Pflanzenöl in einem Topf oder einer Friteuse auf 180 °C erhitzen. Das letzte Drittel Hühnerfleisch in kleine Würfel schneiden. Mit übrigem Knoblauch und Sesamöl, restlicher Sojasauce, Zitronensaft und Salz würzen.

**5** Teigblätter in je 4 gleich große Rechtecke schneiden. Die Fleischmasse in die Mitte der Teigecken geben, Ränder mit Eigelb bepinseln und zu kleinen Täschchen zusammenklappen. Im heißen Öl goldbraun fritieren, dann auf Küchenpapier abtropfen lassen. In der Suppe servieren.

# Scharf-saure Suppe

## macht unglaublich Feuer

**Für 4–6 Personen**

Sie brauchen dazu 1 Stunde
(+ 1 Stunde köcheln lassen)

➤ *Bringt jeden auf Trab*

**DIESE BASICS BRAUCHEN SIE:**
5 EL Sojasauce

**DIE RESTLICHEN ZUTATEN:**
1 küchenfertiges Suppenhuhn
   (ca. 1 kg)
1 Bund Suppengrün
1 Petersilienzweig

1 EL schwarze Pfefferkörner
Salz, 150 g Suppennudeln
2 Möhren
100 g Knollensellerie
3 Knoblauchzehen
2 EL Keimöl
160 g Sojabohnenkeimlinge
   (ersatzweise aus der Dose;
   abgetropft)
4 EL Weißweinessig
2 EL Zucker
Pfeffer aus der Mühle
1/2 TL Chilipulver, 1 Ei

**1** Das Huhn in 2 l kaltem Wasser zum Kochen bringen. Das Suppengrün waschen, putzen und kleinwürfeln. Mit Petersilie, Pfefferkörnern und 1 TL Salz dazugeben und alles etwa 1 Stunde sanft köcheln lassen.

**2** Huhn aus der Brühe nehmen und das Fleisch in mundgerechten Stücken vom Knochen lösen. Die Brühe durch ein Sieb gießen, das Gemüse durch das Sieb in die Brühe streichen. Die Nudeln nach Packungsaufschrift in Salzwasser al dente garen. Abgießen, abschrecken und abkühlen lassen.

**3** Möhren, Sellerie und Knoblauch schälen und in kleine Würfel schneiden. Das Öl erhitzen und die Gemüsewürfel und die Keimlinge darin kurz anschwitzen. Geflügelfleisch, Brühe und Nudeln dazugeben. Die Suppe mit Sojasauce, Essig, Zucker, Salz, Pfeffer und Chilipulver abschmecken.

**4** Zum Schluß das Ei mit einem kleinen Schneebesen oder einer Gabel kräftig verschlagen und unter Rühren in die heiße Suppe einlaufen lassen.

# Asiatischer Suppentraum
## ist eine Versuchung wert

**1** Die Kichererbsen in einem Sieb abtropfen lassen. Die Zwiebeln schälen und in feine Streifen schneiden. Die Möhre schälen, mit einem Sparschäler längs dünne Scheiben abziehen. Die Zuckerschoten waschen, die Enden eventuell abknipsen und die Schoten schräg halbieren.

**2** Das Keimöl erhitzen und das vorbereitete Gemüse und die Kichererbsen darin kurz anschwitzen. Die Brühe aufgießen und alles etwa 5 Minuten leise köcheln lassen. Die Suppe mit Ingwer, Sesamöl, Curry, Zucker, Salz, Pfeffer und Chilipulver würzen.

**3** Tomaten kreuzweise einschneiden, kurz in kochendheißes Wasser geben und enthäuten. Tomaten quer halbieren, entkernen und das Fruchtfleisch in kleine Würfel schneiden. Die Tomatenwürfel unter die Suppe mischen.

**4** Die Gurke gründlich waschen, längs halbieren und die Kerne mit einem Eßlöffel herausschaben. Die Gurkenhälften samt Schale quer in feine Scheiben schneiden. Die Suppe mit den Gurkenscheiben servieren.

Für 4 Personen

Sie brauchen dazu 30 Minuten

➤ *Geht ganz schnell*

**DIESE BASICS BRAUCHEN SIE:**
*1 TL geriebene Ingwerwurzel*
*2 EL Sesamöl*

**DIE RESTLICHEN ZUTATEN:**
*240 g Kichererbsen*
  *(aus der Dose)*
*2 Zwiebeln*

*1 Möhre*
*100 g Zuckerschoten*
*2 EL Keimöl*
*1 l heiße Gemüsebrühe*
*1 TL Curry*
*1 Prise Zucker*
*Salz*
*Pfeffer aus der Mühle*
*1/2 TL Chilipulver*
*2 Tomaten*
*1/2 kleine Salatgurke*

# Feines Gemüse-Elexier

## einfach traumhaft

» Nehmen Sie sich unbedingt Zeit fürs Kochen, denn nur dann macht es Spaß. Und beim Genießen sind Streß und Hektik auch fehl am Platz, schließlich soll es schmecken. «

### Für 4 Personen

Sie brauchen dazu 40 Minuten
(+ 1 Stunde köcheln lassen)

➤ *Dazu paßt Baguette sehr gut*

**DIESE BASICS BRAUCHEN SIE:**
2 EL Sesamöl
3 cm großes Stück Ingwerwurzel
3 EL Sojasauce

**DIE RESTLICHEN ZUTATEN:**
500 g Knollensellerie
500 g Möhren
1 Knoblauchzehe
250 g Weißkohl
3 Zwiebeln
1 EL Tomatenmark
1 EL schwarze Pfefferkörner
1 großes Bund Frühlingszwiebeln
350 g Tomaten
200 g kleine Champignons
Salz
1 1/2 EL Zucker
Saft von 1/2 Zitrone
1 großes Bund Schnittlauch

**1** Sellerie, Möhren und Knoblauch schälen. Vom Weißkohl die äußeren Blätter entfernen, den Strunk herausschneiden. Das vorbereitete Gemüse grob würfeln, Knoblauch hacken.

**2** Zwiebeln samt Schale halbieren und die Schnittflächen in einem Topf ohne Fett kräftig anbräunen, herausnehmen. Sesamöl erhitzen, gewürfeltes Gemüse und das Tomatenmark dazugeben und bei starker Hitze anschwitzen, bis das Gemüse eine leicht dunkle Farbe bekommen hat und intensiv duftet. Zwiebelhälften, die Pfefferkörner und 3 l Wasser dazugeben. Die Brühe 1 Stunde sanft köcheln lassen.

**3** Frühlingszwiebeln putzen, waschen und in 1 cm große Stücke schneiden. Tomaten kreuzweise einschneiden, kurz in kochendheißes Wasser geben und enthäuten. Tomaten entkernen, das Fruchtfleisch in dünne Spalten schneiden. Champignons mit einem trockenen Tuch abreiben und größere Pilze halbieren oder vierteln. Ingwer schälen, in feine Streifen schneiden.

**4** Brühe durch ein feines Sieb gießen. Frühlingszwiebeln, Tomaten, Pilze und Ingwer in das Elexier geben, 2 Minuten sanft köcheln lassen. Mit Salz, Sojasauce, Zucker und Zitronensaft würzen. Mit Schnittlauch garnieren.

# Fruchtiger Glasnudelsalat
## unheimlich raffiniert

### DER PROFI-TIP

*Besonders lecker schmeckt der Salat mit selbstgemachten Sesamchips. Dafür Frühlingsrollenteig mit wenig Sesamöl bestreichen und mit Sesamsamen bestreuen. Jetzt die Teigblätter am besten mit einem Teigrädchen in beliebige Formen schneiden und auf einem mit Backpapier ausgelegten Blech im auf 180 °C vorgeheizten Backofen in etwa 3 Minuten hell, aber knusprig bräunen.*

### Für 4–6 Personen

Sie brauchen dazu 40 Minuten
(+ 30 Minuten auftauen lassen)

➤ *Auch fürs Buffet geeignet*

**DIESE BASICS BRAUCHEN SIE:**
*5 EL Sojasauce*
*1/2 TL geriebene Ingwerwurzel*

**DIE RESTLICHEN ZUTATEN:**
*150 g Glasnudeln (ersatzweise gegarte, abgekühlte Spaghettini)*

*200 g tiefgekühlte Shrimps*
  *(ohne Schale)*
*je 1 sehr kleine rote und grüne*
  *Paprikaschote*
*1 kleines Bund Frühlingszwiebeln*
*100 g kleine Champignons*
*3 Knoblauchzehen*
*1/2 vollreife Mango, 3 EL Keimöl*
*Salz, Pfeffer aus der Mühle*
*4 EL Weißweinessig*
*2 EL Mangochutney*
*1 EL Zucker, 3 Msp. Chilipulver*

**1** Die Glasnudeln in kochendem Wasser 1 Minute garen. Die Nudeln sofort in ein Sieb gießen, abschrecken, abtropfen und vollkommen auskühlen lassen. Die Shrimps in einem Sieb auftauen lassen, trockentupfen.

**2** Die Paprikaschoten waschen und die Samen sowie Samenwände entfernen. Die Paprikahälften in etwa 1 cm große Stücke schneiden. Frühlingszwiebeln putzen, waschen und in etwa 1 cm lange Röllchen schneiden.

**3** Champignons mit einem trockenen Tuch abreiben und halbieren oder vierteln. Den Knoblauch schälen und fein würfeln. Die Mango schälen und das Fleisch in dünnen Scheiben vom Kern schneiden.

**4** Das Öl erhitzen und vorbereitetes Gemüse und die Shrimps darin bei starker Hitze 5 Minuten scharf anbraten. Mit Salz und Pfeffer würzen, die Mango untermengen.

**5** Sojasauce, Essig, Chutney, Ingwer, Zucker und Chilipulver vermischen. Die Mischung zum Gemüse geben und alles noch einmal aufkochen lassen. Die Nudeln mit der Küchenschere in mundgerechte Größe schneiden und untermengen. Lauwarm servieren!

# Aromatischer Gewürzlachs

## verwöhnt den Gaumen

### Für 4 Personen

Sie brauchen dazu 25 Minuten
(+ 1–2 Tage ziehen lassen)

➤ *Kann gut vorbereitet werden*

**DIESE BASICS BRAUCHEN SIE:**
*3 cm großes Stück Ingwerwurzel*
*1 EL heller Sesamsamen*
*5 EL Sesamöl*

**DIE RESTLICHEN ZUTATEN:**
*3 große Zweige Dill*
*300 g Lachsfilet (mit Haut;*
  *entgrätet)*
*1 EL Honig*
*Saft und abgeriebene Schale von*
  *1 unbehandelten Limette*
  *(ersatzweise Zitrone)*
*Salz, Pfeffer aus der Mühle*
*je 4 fein zerstoßene Gewürznelken*
  *und Wacholderbeeren*
*600 g mehligkochende Kartoffeln*
*1 Eiweiß*

**1** Den Ingwer schälen und in sehr feine Streifen schneiden. Den Dill waschen, trockenschütteln und grob hacken. Lachs mit der Hautseite nach unten auf ein Stück Frischhaltefolie legen. Sesamsamen, Ingwer und Dill auf der Fleischseite des Lachsfilets verteilen.

**2** Honig mit 2 EL Öl, Limettensaft und -schale verrühren. Mit Salz, Pfeffer, Nelken und Wacholderbeeren würzen und die Marinade über den Fisch träufeln. Lachs mit der Frischhaltefolie umhüllen, in Alufolie einwickeln. Im Kühlschrank 1–2 Tage ziehen lassen.

**3** Die Kartoffeln schälen und raspeln, salzen und pfeffern. Den Kartoffelsaft auspressen, Eiweiß unter die Kartoffelraspel mischen. Restliches Öl erhitzen, die Kartoffelmasse zu kleinen Puffern formen und auf beiden Seiten goldbraun ausbacken.

**4** Den Lachs mit einem sehr scharfen Messer in hauchdünne Scheiben schneiden, dabei das Messer fast parallel zum Schneidbrett führen. Auf den Kartoffelpuffern anrichten.

# Garnelen im Lauchmantel

### das verlangt nach mehr

**1** Die Garnelen mit einem scharfen Messer am Rücken leicht einschneiden und den Darmstrang entfernen, waschen und trockentupfen.

**2** Den Lauch putzen, längs bis zur Mitte einschneiden und gründlich waschen. Die Lauchstangen auf etwa 16 cm Länge zuschneiden, dann die Blätter einzeln ablösen. 8 schöne, große Blätter in kochendem Salzwasser 1–2 Minuten vorgaren, abschrecken.

**3** Den Knoblauch schälen und durch die Presse drücken. Mit Ingwer, Petersilie, Limettensaft, Sherry, Honig und 4 EL Öl verrühren. Mit Salz und Pfeffer würzen. Die Garnelen in der Marinade wenden, dann mit je einem Lauchblatt umwickeln. Mit Holzspießchen feststecken. Umwickelte Garnelen in die Marinade geben und abgedeckt etwa 30 Minuten ziehen lassen.

**4** Übriges Öl erhitzen und die Garnelen darin rundum in 5 Minuten sanft gar braten. Zum Schluß die Marinade über die Garnelen träufeln und die Sesamsamen darüber streuen.

## Für 4 oder 8 Personen

Sie brauchen dazu 35 Minuten
(+ 30 Minuten ziehen lassen)

➤ *Am besten mit Dip genießen, zum Beispiel Rezept Seite 25 (Profi-Tip)*

**DIESE BASICS BRAUCHEN SIE:**
*1 EL geriebene Ingwerwurzel*
*6 EL Sesamöl*
*1 EL heller Sesamsamen*

**DIE RESTLICHEN ZUTATEN:**
*8 Riesengarnelen (ohne Schale)*
*2 große, dicke Stangen Lauch*
*Salz*
*2 Knoblauchzehen*
*2 EL gehackte Petersilie*
*Saft von 1 Limette (ersatzweise Zitrone)*
*4 EL Sherry*
*1 EL Honig*
*Pfeffer aus der Mühle*

# Frühlingsrollen mit Shrimps
## machen Spaß beim Reinbeißen

### DER PROFI-TIP

*Bereits pur sind die Frühlingsrollen ein Hochgenuß. Taucht man sie vor jedem Biß noch in einen köstlichen Dip, kann keiner mehr widerstehen. Für den Dip vermischen Sie 8 EL Sojasauce, 4 EL Weißweinessig, 1 EL Zucker und 3 EL feingeschnittenen Lauch miteinander, bis sich der Zucker gelöst hat. Falls Sie einen eigenen Dip-Favoriten haben, können Sie die Rollen auch damit genießen.*

### Für 4 Personen

Sie brauchen dazu 30 Minuten
(+ 30 Minuten auftauen lassen)

➤ *Geht ganz schnell*

### DIESE BASICS BRAUCHEN SIE:
*5 EL Sojasauce*
*5 EL Sesamöl*
*12 Blätter Frühlingsrollenteig*
*(21,5 x 21,5 cm)*

### DIE RESTLICHEN ZUTATEN:
*180 g tiefgekühlte Shrimps*
*(ohne Schale)*
*1 Möhre, 2 kleine Zwiebeln*
*3 Knoblauchzehen, 1 Zucchini*
*100 g Champignons*
*5 EL Keimöl, 1 EL Speisestärke*
*2 EL Aceto balsamico*
*1 EL Zucker*
*2 EL gehackte Petersilie*
*1/2 l Pflanzenöl zum Fritieren*
*1 Eigelb*

**1** Die Shrimps in ein Sieb geben und auftauen lassen, trockentupfen. Möhre, Zwiebeln und Knoblauchzehen schälen. Die Zucchini waschen und die Enden abschneiden. Champignons mit einem trockenen Tuch abreiben. Gemüse in feine Streifen schneiden.

**2** In einem Wok oder einer Pfanne 2 EL Keimöl erhitzen und die Shrimps darin kurz kräftig anbraten, herausnehmen. Restliches Keimöl erhitzen und die Gemüsestreifen kurz darin anbraten, so daß sie noch Biß haben. Shrimps zum Gemüse geben.

**3** Die Stärke mit Sojasauce, Balsamessig, Zucker, Sesamöl und Petersilie verrühren. Die Mischung unter das Gemüse rühren, einmal aufkochen und dann alles auskühlen lassen. Das Pflanzenöl in einem Topf oder einer Friteuse auf 180 °C erhitzen.

**4** Die Teigblätter nach und nach auf der Arbeitsfläche ausbreiten und die Gemüse-Shrimps-Füllung so darauf verteilen, daß rundum ein etwa 1 cm breiter Rand frei bleibt. Die Randstreifen mit Eigelb bestreichen. Zwei gegenüberliegende Randstreifen einschlagen, dann die Blätter von der Schmalseite her aufrollen. Die Frühlingsrollen im heißen Fett fritieren, auf Küchenpapier abtropfen lassen.

# Dim-sum-Häppchen

## sorgen für Überraschung

**Für 8 Personen**

Sie brauchen dazu 1 1/4 Stunden

➤ *Hier ist Geduld gefragt*

**DIESE BASICS BRAUCHEN SIE:**
*5 EL Sojasauce*
*8 Blätter Frühlingsrollenteig*
    *(30 x 30 cm)*
*3 EL Sesamöl*
*1 EL heller Sesamsamen*

**DIE RESTLICHEN ZUTATEN:**
*100 g Rundkornreis*
*2 EL Aceto balsamico*
*1 EL Honig*
*2 Msp. gemahlener Zimt*
*4 Knoblauchzehen*
*Pfeffer aus der Mühle*
*400 g Hähnchenbrustfilet*
*1 Zwiebel*
*1 Möhre*
*80 g Champignons*
*3 EL Keimöl*
*100 g Maiskörner (aus der Dose)*
*1 sehr kleine Stange Lauch*
*1 Eigelb*
*400 g Schweinehackfleisch*
*1/2 TL Curry*
*1 Eiweiß*
*1 l Pflanzenöl zum Fritieren*

**1** Den Reis in 1/2 l Wasser etwa 25 Minuten im geschlossenen Topf sanft garen, bis das Wasser vollkommen aufgesogen ist. Den Reis in ein Sieb geben oder auf einer Platte ausbreiten und erkalten lassen.

**2** Den Balsamessig mit 3 EL Sojasauce, Honig und Zimt verrühren. 2 Knoblauchzehen schälen und dazupressen, mit Pfeffer würzen. Das Hähnchenbrustfilet waschen, trockentupfen und in kleine Würfel schneiden. Das Fleisch in die Marinade geben und 30 Minuten darin ziehen lassen.

**3** Inzwischen die Zwiebel, den übrigen Knoblauch und die Möhre schälen. Champignons mit einem trockenen Tuch abreiben. Das Gemüse in winzig kleine Würfel schneiden. 2 EL Keimöl erhitzen und das Gemüse darin kurz anschwitzen, auskühlen lassen.

**4** Die Maiskörner in einem Sieb abtropfen lassen. Den Lauch putzen, längs halbieren, waschen und in feine Streifen schneiden. Mais und Lauch mit den Geflügelwürfeln samt der Marinade mischen.

**5** Die Teigblätter in je 4 gleich große Quadrate schneiden. Jeweils 1 EL der Geflügelmasse in die Mitte eines Teigquadrats setzen, die Teigränder mit Eigelb bepinseln. Die Teigspitzen nacheinander zur Mitte hin zusammenklappen. Die Teigränder sollten sich dabei leicht überlappen, so daß ein kleines Briefchen entsteht. Die Ränder gut andrücken.

**6** Das Möhren-Pilz-Gemüse mit Hackfleisch, restlicher Sojasauce, Sesamöl, Sesamsamen, Curry und Eiweiß zu einer formbaren Masse vermengen, pfeffern. Mit angefeuchteten Händen aus der Masse kleine Bällchen (etwa 3 cm Ø) formen. In dem Reis wenden, so daß die Bällchen rundherum damit bedeckt sind.

**7** Den Boden eines Dämpftopfs etwa 2 cm hoch mit Wasser bedecken. Den Dämpfeinsatz mit dem übrigen Keimöl einstreichen, die Bällchen hineinsetzen und den Einsatz in den Topf stellen. Bällchen im geschlossenen Topf 15–20 Minuten im Dampf garen.

**8** Das Pflanzenöl in einem Topf oder einer Friteuse auf 180 °C erhitzen. Teigtäschchen im heißen Fett goldbraun fritieren, dann auf Küchenpapier abtropfen lassen.

# 2

## Ohne Fisch und ohne Fleisch

Das Angebot auf Asiens Gemüse-
märkten ist überwältigend. Die
große Vielfalt an Farben und Formen
läßt das Auge kaum zur Ruhe kommen.
Kein Wunder also, daß knackig
gegartes Gemüse fast täglich auf den
Tisch kommt. Oftmals mit Reis
oder Nudeln kombiniert.

# Gefüllte Selleriestangen
## mit fruchtiger Sauce serviert

## DER PROFI-TIP

*Die gebackenen Selleriestangen schmecken nicht nur frisch aus dem Ofen ausgezeichnet, sie sind auch kalt ein Hochgenuß, zum Beispiel beim Buffet oder auch einfach nur zwischendurch: In die Sauce dippen und ab in den Mund. Fürs Buffet reichen Sie zu den Selleriestangen nicht nur die hier beschriebene Sauce, sondern auch die beiden Saucen von Seite 58. Das schafft Abwechslung.*

### Für 4 Personen

Sie brauchen dazu 1 1/2 Stunden

➤ *Darf auch mal Beilage sein*

**DIESE BASICS BRAUCHEN SIE:**
*1 EL gerösteter heller
   Sesamsamen
1 EL Kokosraspel
3 EL Kokosmilch*

**DIE RESTLICHEN ZUTATEN:**
*150 g Knollensellerie
400 ml Gemüsebrühe
100 ml Milch
1 rote Paprikaschote
1 sehr kleine Stange Lauch
12 große Stangen Staudensellerie
1 Apfel, 1 Zwiebel
1/2 Banane, 1 EL Butter
1 EL Curry
1 EL Mangochutney
Salz, 1 Msp. Chilipulver*

**1** Den Knollensellerie schälen und in grobe Würfel schneiden. In 150 ml Brühe und der Milch bei schwacher Hitze in etwa 20 Minuten weich kochen. Mit dem Stabmixer zu einem dicklichen Püree verarbeiten.

**2** Den Backofen auf 180 °C vorheizen. Paprika waschen, halbieren und die Samen sowie die Samenwände entfernen. Lauch putzen, längs halbieren und waschen. Paprika und Lauch in winzige Würfel schneiden. Mit den Sesamsamen unter das Püree rühren.

**3** Den Staudensellerie putzen, waschen und in 5 cm lange Stücke schneiden. Die Stücke mit der Vertiefung nach oben auf ein gefettetes Blech setzen, das Püree in die Vertiefungen füllen. Im Ofen etwa 20 Minuten backen.

**4** Inzwischen Apfel schälen, vierteln, entkernen und in sehr kleine Würfel schneiden. Die Zwiebel schälen und fein hacken. Die Banane in etwa 1/2 cm dicke Scheiben schneiden.

**5** Butter zerlassen und Apfel, Zwiebel, Banane und die Kokosraspel kurz anbraten. Kokosmilch, Curry und Mangochutney untermischen. Übrige Brühe aufgießen und alles 15 Minuten sanft köcheln lassen. Mit Salz und Chilipulver abschmecken. Die Sauce zu den gefüllten Selleriestangen servieren.

# Reis mit Ei und Sprossen

### à la Nasi goreng

**Für 4 Personen**

Sie brauchen dazu 45 Minuten

➤ *Ist wirklich einfach*

**DIESE BASICS BRAUCHEN SIE:**
*etwa 5 EL Sojasauce*
*1 TL geriebene Ingwerwurzel*

**DIE RESTLICHEN ZUTATEN:**
*250 g Langkornreis (Duft-*
    *oder Basmatireis)*
*1 mittelgroße Möhre*

*1 kleine Zucchini*
*1 Chilischote*
*3 Knoblauchzehen*
*2 EL Keimöl*
*1 TL Curry*
*2 Eier*
*5 EL Zitronensaft*
*Salz, Pfeffer aus der Mühle*
*160 g Sojabohnenkeimlinge*
    *(ersatzweise aus der Dose;*
    *abgetropft)*
*Pfeffer aus der Mühle*

**1** Den Reis mit 1/2 l Wasser in einen Topf geben und aufkochen lassen. Dann den Deckel auflegen, die Herdplatte ausschalten und den Reis etwa 20 Minuten quellen lassen.

**2** Inzwischen die Möhre schälen und in etwa 3 cm lange, dünne Streifen schneiden. Zucchini waschen, putzen und in kleine Würfel schneiden. Die Chilischote von Stielansatz und Samen befreien und in winzig kleine Würfel schneiden. Knoblauch schälen und durch die Presse drücken. Das Keimöl mit dem Curry erhitzen, das Gemüse dazugeben und 5 Minuten unter Rühren kräftig anbraten.

**3** Die Eier mit Sojasauce, Ingwer und Zitronensaft verrühren. Mit Salz und Pfeffer würzen. Mit den Sprossen unter den Reis und das Gemüse mischen, alles etwa 5 Minuten unter Rühren anbraten. Nach Bedarf nochmals mit Salz und Pfeffer, eventuell mit Sojasauce, abschmecken.

# Süß-saure Nudelpfanne
## mit »leichtem Knusperstroh«

**1** Pflanzenöl in einem Topf auf 150 °C erhitzen. Den Frühlingsrollenteig in hauchdünne Streifen schneiden (sehr gut geht das mit der Nudelmaschine) und im heißen Öl 1/2 Minute fritieren, dann auf Küchenpapier abtropfen lassen. Sesamöl und -samen in eine Schüssel geben und das »Knusperstroh« darin wenden.

**2** Die Nudeln in kochendem Salzwasser nach Packungsaufschrift al dente garen. In ein Sieb gießen, abschrecken und abtropfen lassen.

**3** Die Ananas in einem Sieb abtropfen lassen, den Saft auffangen. Paprikaschoten waschen, halbieren und die Samen sowie Samenwände entfernen. Die Paprikahälften in kleine Würfel schneiden. Den Knoblauch schälen und fein hacken. Frühlingszwiebeln putzen, waschen und in 3 cm lange Röllchen schneiden.

**4** Das Keimöl erhitzen, Ananas, Gemüse und Nudeln anbraten. 5 EL des Ananassaftes mit Ketchup, Essig, Ingwer, Sojasauce und Zitronensaft verrühren, mit Salz abschmecken. Die Sauce unter die Nudelpfanne mischen und alles einmal aufkochen lassen. Mit dem »Knusperstroh« servieren.

Für 4 Personen

Sie brauchen dazu 40 Minuten

➤ *Hier kann keiner widerstehen*

**DIESE BASICS BRAUCHEN SIE:**
*4 Blätter Frühlingsrollenteig*
   *(21,5 x 21,5 cm)*
*4 EL Sesamöl*
*1 EL heller Sesamsamen*
*1 TL geriebene Ingwerwurzel*
*1 EL Sojasauce*

**DIE RESTLICHEN ZUTATEN:**
*1/4 l Pflanzenöl zum Fritieren*
*250 g feine Eiernudeln, Salz*
*1 große Dose Ananasstücke*
   *(340 g Abtropfgewicht)*
*2 rote Paprikaschoten*
*3 Knoblauchzehen*
*1 Bund Frühlingszwiebeln*
*3 EL Keimöl*
*5 EL Ketchup*
*5 EL Weißweinessig*
*Saft von 1 Zitrone*

# Gebratenes Gemüse
## mit Sesam-Limetten-Butter

### DER PROFI-TIP

*Ebenso attraktiv sieht die Butter aus, wenn Sie sie als feines Gitter oder als Spirale aufspritzen. Wenn Sie dabei eine Sterntülle verwenden, gibt das ein zusätzliches Muster. Falls Sie keinen Spritzbeutel zu Hause haben, streichen Sie die Butter mit einer Palette dünn auf das Pergament. Fest werden lassen und vor dem Servieren kleine Formen, wie zum Beispiel Herzen, ausstechen.*

### Für 4 Personen

Sie brauchen dazu 30 Minuten
(+ 3 Stunden ziehen lassen)

➤ *Schön mit Basilikum-Garnitur*

**DIESE BASICS BRAUCHEN SIE:**
8 EL Sesamöl
2 EL heller Sesamsamen
5 EL Sojasauce

**DIE RESTLICHEN ZUTATEN:**
1 Möhre, 2 Zwiebeln
100 g Knollensellerie, 1 Zucchini
1/2 Paprikaschote, 1 TL Curry
1 Msp. gemahlener Zimt
3 Gewürznelken
3 Knoblauchzehen
Salz, Pfeffer aus der Mühle
100 g weiche Butter
Saft und Schale von 1 unbehandelten Limette (ersatzweise Zitrone)
3 EL Weißweinessig

**1** Die Möhre, die Zwiebeln und den Sellerie schälen. Die Zucchini waschen und putzen. Paprikaschote waschen und die Samen sowie Samenwände entfernen. Das Gemüse in etwa 1/2 cm dicke Streifen schneiden.

**2** Curry, Zimt, Nelken, 5 EL Sesamöl und 1 EL Sesamsamen verrühren. Den Knoblauch schälen und dazupressen, mit Salz und Pfeffer würzen. Das Gemüse mit der Marinade vermischen und 3 Stunden ziehen lassen.

**3** Die Butter 5 Minuten cremig rühren, dabei nach und nach Limettensaft und -schale, restliches Sesamöl und übrige Sesamsamen dazugeben. Mit Salz und Pfeffer würzen. Die Butter in einen Spritzbeutel mit dünner Lochtülle füllen und in kleinen Stangen auf Pergamentpapier spritzen. Im Kühlschrank fest werden lassen.

**4** Einen Wok oder eine Pfanne erhitzen. Das Gemüse aus der Marinade heben und 2–3 Minuten kräftig darin anbraten. Die Marinade, die Sojasauce und den Weinessig untermischen, einmal aufkochen lassen. Mit Salz und Pfeffer würzen. Gemüse auf Teller verteilen und die Butterstangen darauf setzen.

# Grüne Spargelstangen

## herrlich knackig gebraten

### DER PROFI-TIP

*Wenn Ihre Spargelstangen relativ dick sind, halbieren Sie sie lieber, damit sie beim Braten gut garen, ohne zu dunkel zu werden. Sehr lecker schmeckt das Gericht auch mit weißem Spargel. Probieren Sie's in der Spargelzeit gleich mal aus. Restliche Kokosmilch bis dahin im Eiswürfelbereiter einfrieren – oder vorher zum Beispiel für die Zubereitung von Curries oder Drinks verwenden.*

### Für 4 Personen

Sie brauchen dazu 40 Minuten

➤ *Optimal auch als Vorspeise für 6–8 Personen*

**DIESE BASICS BRAUCHEN SIE:**
4 EL Sesamöl
150 ml Kokosmilch

**DIE RESTLICHEN ZUTATEN:**
800 g grüner Spargel
1 Zwiebel, 1 Knoblauchzehe
3 EL geröstete, gesalzene
    Erdnüsse
1 kleines Bund Schnittlauch
3 rote oder orange Paprikaschoten
1 TL edelsüßes Paprikapulver
1/2 TL Mehl
50 ml Gemüsebrühe
1 TL Honig
Salz, Pfeffer aus der Mühle

**1** Spargel waschen und nur den unteren Teil der Stangen dünn schälen, die Enden abschneiden. Die Zwiebel und den Knoblauch schälen und fein hacken, die Erdnüsse grob hacken. Den Schnittlauch waschen, trockenschütteln und quer halbieren.

**2** Die Paprikaschoten waschen, halbieren und Samen sowie Samenwände entfernen. Eine Paprikahälfte in hauchfeine Streifen schneiden, den Rest in grobe Würfel schneiden.

**3** 1 EL Sesamöl erhitzen und Paprika- und Zwiebelwürfel darin anschwitzen. Das Paprikapulver und Mehl darüber stäuben und untermischen. Knoblauch, Brühe und Kokosmilch unterrühren, alles 5 Minuten sanft köcheln lassen. Die Sauce mit dem Stabmixer pürieren. Mit Honig, Salz und Pfeffer abschmecken, warm halten.

**4** In einem Wok oder einer Pfanne das restliche Sesamöl erhitzen und die Spargelstangen darin 4 Minuten anbraten. Die Erdnüsse dazugeben, mit Salz und Pfeffer würzen. Den Spargel in weiteren 2 Minuten bißfest braten, dabei aber nicht zu dunkel werden lassen. Mit der cremigen Sauce, den Paprikastreifen und dem Schnittlauch anrichten.

# Fritierter Blumenkohl
## ganz im asiatischen Stil

### DER PROFI-TIP

*Achten Sie beim Fritieren unbedingt auf die richtige Temperatur des Fettes. Ist es zu heiß, verbrennt das Äußere des Garguts, während das Innere kalt bleibt und nicht gart. Ist das Fett zu kalt, saugen sich die Zutaten damit voll. Wie Sie die Temperatur ohne Thermometer testen können? Den Stiel eines Holzkochlöffels ins Fett halten. Bilden sich sofort kleine Bläschen, ist die Temperatur richtig.*

#### Für 4 Personen

Sie brauchen dazu 1 1/4 Stunden

➤ *Darf auch mal Beilage sein*

**DIESE BASICS BRAUCHEN SIE:**
*2 EL Sesamöl*

**DIE RESTLICHEN ZUTATEN:**
*1 Blumenkohl (etwa 800 g)*
*Saft und Schale von*
    *2 unbehandelten Limetten*
*(ersatzweise Zitronen)*

*5 TL Zucker*
*Salz*
*1 große Zwiebel*
*3 Knoblauchzehen*
*5 eingelegte Chilischoten*
*1 EL Ketchup*
*2 Eier*
*150 g Mehl*
*150 ml Weißwein*
*2 EL gehackte Petersilie*
*1/2 l Pflanzenöl zum Fritieren*
*3 EL Speisestärke*

**1** Den Blumenkohl putzen, waschen und in sehr kleine Röschen teilen. Reichlich Wasser mit dem Saft von 1 Limette und der Schale von 2 Limetten sowie je 2 TL Zucker und Salz zum Kochen bringen. Die Blumenkohlröschen ins Wasser geben und in etwa 8 Minuten sanft bißfest garen. In ein Sieb gießen und gut abtropfen lassen.

**2** Die Zwiebel und Knoblauchzehen schälen und hacken. Mit Chilischoten, restlichem Limettensaft, 1 TL Zucker und Ketchup im Mixer pürieren. Den Dip mit Salz abschmecken.

**3** Die Eier trennen. Die Eigelbe mit Mehl, Wein, Sesamöl, Petersilie, 1 TL Salz und restlichem Zucker kräftig verschlagen. Die Eiweiße sehr steif schlagen und vorsichtig unterheben.

**4** Das Pflanzenöl in einem Topf oder einer Friteuse auf 180 °C erhitzen. Die Blumenkohlröschen in der Stärke wenden, durch den Teig ziehen und im heißen Öl goldbraun fritieren. Auf Küchenpapier abtropfen lassen. Mit dem Dip servieren.

# Gefüllte Pfannkuchen
## nach Mandarin Art

**Für 4 Personen**

Sie brauchen dazu 1 1/4 Stunden
(+ 1 Stunde ruhen lassen)

➤ *Kann gut variiert werden*

DIESE BASICS BRAUCHEN SIE:
10 EL Sesamöl
5 EL Sojasauce
1 TL geriebene Ingwerwurzel

DIE RESTLICHEN ZUTATEN:
*250 g Mehl, Salz*
*200 g kleine Champignons,*
   *Shiitake- oder Austernpilze*
*200 g junger Blattspinat*
   *(ersatzweise 100 g tiefgekühl-*
   *ter Blattspinat; aufgetaut)*
*1 Zwiebel, 1 Knoblauchzehe*
*100 ml Gemüsebrühe*
*3 EL Aceto balsamico*
*1 TL Speisestärke (mit 3 EL*
   *kaltem Wasser angerührt)*
*Pfeffer aus der Mühle*

**1** Das Mehl mit 2 EL Sesamöl, wenig Salz und 175 ml kochendem Wasser zu einem elastischen Teig verkneten. Abdecken und 1 Stunde ruhen lassen.

**2** Teig in 8 gleich große Stücke teilen und zu dünnen Fladen (etwa 15 cm Ø) ausrollen. 4 Teigkreise auf einer Seite mit je 1 TL Sesamöl bestreichen und die übrigen Teigkreise jeweils darauf drücken. Nach und nach die doppelten Pfannkuchen in 3 EL Öl auf beiden Seiten goldbraun backen. Die Pfannkuchen wieder auseinanderziehen, warm halten.

**3** Die Pilze mit einem trockenen Tuch abreiben. Den Spinat waschen und in einem Sieb abtropfen lassen. Zwiebel und Knoblauch schälen und hacken. Restliches Sesamöl erhitzen und das Gemüse 5 Minuten darin braten.

**4** Brühe, Sojasauce, Aceto, Ingwer und Stärke untermischen. Unter Rühren 1 Minute köcheln lassen, salzen und pfeffern. Das Gemüse auf der blassen Seite der Pfannkuchen verteilen, die Pfannkuchen zusammenklappen.

# Luftiges Gemüseomelett

## zergeht auf der Zunge

**1** Die Bambussprossen in ein Sieb geben und abtropfen lassen. Zwiebel und Möhre schälen, Zuckerschoten waschen, die Enden eventuell abknipsen. Die Frühlingszwiebeln putzen und waschen. Das Gemüse in dünne Streifen schneiden.

**2** In 2 großen beschichteten Pfannen je 1 EL Öl erhitzen und jeweils die Hälfte des Gemüses 1 Minute anbraten. Die Pfannen vom Herd ziehen. Die Eier mit dem Ingwer, dem Chilipulver und der Milch kräftig verschlagen, mit Salz und Pfeffer würzen.

**3** Jeweils die Hälfte der Eiermasse in eine Pfanne geben und bei geringer Hitze vorsichtig durchrühren, bis die Masse zu stocken beginnt. Dann die Massen halbieren und jeweils in einer Hälfte der Pfanne zum Halbmond zusammenschieben. Auf einer Seite in 1–2 Minuten bräunen. Omeletts vorsichtig wenden und die zweite Seite ebenfalls bräunen.

**4** Die Omeletts vorsichtig auf Teller geben. Die Sojasauce und den Essig verrühren. Den Dip in 4 kleine Schälchen füllen und diese neben die Omeletts auf die Teller setzen.

## Für 4 Personen

Sie brauchen dazu 40 Minuten

➤ *Sollte rasch gegessen werden*

**DIESE BASICS BRAUCHEN SIE:**
*1 TL geriebene Ingwerwurzel*
*8 EL Sojasauce*

**DIE RESTLICHEN ZUTATEN:**
*80 g Bambussprossen*
  *(aus der Dose)*
*1 Zwiebel*

*1 Möhre*
*80 g Zuckerschoten*
*1 sehr kleines Bund*
  *Frühlingszwiebeln*
*2 EL Keimöl*
*12 Eier*
*1 Msp. Chilipulver*
*5 EL Milch*
*Salz*
*Pfeffer aus der Mühle*
*5 EL Obstessig*

# 3

# Curries mit und ohne Feuer

Egal ob Fleisch, Geflügel, Fisch, Meeresfrüchte oder Gemüse – als Curry zubereitet sind sie unwiderstehlicher Gaumen- und Augenschmaus in einem. Herrlich cremige Saucen, mit zahlreichen Gewürzen und Kräutern abgeschmeckt, umhüllen nur die besten Zutaten aufs Feinste – mal feurig scharf, mal sanft und mild.

# Mildes Seafood-Curry

## ein Fest für die Sinne

**Für 4 Personen**

Sie brauchen dazu 40 Minuten
(+ 30 Minuten auftauen lassen)

➤ *Für besondere Anlässe*

**DIESE BASICS BRAUCHEN SIE:**
*3 EL Kokosraspel*
*etwa 3 EL Kokosmilch*
*5 EL Sesamöl*

**DIE RESTLICHEN ZUTATEN:**
*500 g tiefgekühlte, küchenfertige*
  *Meeresfrüchte (z.B. Shrimps,*
  *Muscheln, Kalmare)*
*2 vollreife Mangos*
*2 Msp. Chilipulver*
*2 EL Curry*
*1 große Möhre*
*2 Zwiebeln*
*3 Knoblauchzehen*
*2 Stangen Staudensellerie*
  *mit Grün*
*2 EL Keimöl*
*Saft von 1/2 Zitrone*
*Salz*
*Pfeffer aus der Mühle*

**1** Die Meeresfrüchte in ein Sieb geben und auftauen lassen, dabei immer wieder gut durchmischen. Dann die Meeresfrüchte mit Küchenpapier gut trockentupfen.

**2** Die Mangos schälen und das Fleisch in etwa 1/2 cm dicken Scheiben vom Kern schneiden. Die Hälfte des Mangofruchtfleisches mit Kokosraspeln, Kokosmilch, Chilipulver, Curry und 3 EL Wasser in einen Mixer geben und zu einer feinen Sauce pürieren.

**3** Die Möhre, die Zwiebeln und die Knoblauchzehen schälen und in sehr kleine Würfel schneiden. Die Selleriestangen putzen, waschen und ebenfalls kleinwürfeln. Etwas Selleriegrün beiseite legen.

**4** Das Keimöl erhitzen und die Gemüsewürfel darin kurz anschwitzen. Die Meeresfrüchte dazugeben und kurz mit anbraten. Die Sauce untermischen und alles etwa 8 Minuten mehr ziehen als kochen lassen. Sollte die Sauce zu dick werden, mit etwas Kokosmilch oder warmem Wasser verdünnen.

**5** Das Seafood-Curry mit Zitronensaft, Sesamöl, Salz und Pfeffer würzen. Mit restlichen Mangoscheiben und Selleriegrün garnieren.

# Henzes Fischcurry

## ist nicht zu schlagen

### DER PROFI-TIP

*Duftreis ist die beste Beilage zu jedem Curry. 200 g Duftreis in einen Topf geben und mit so viel Wasser aufgießen, daß das Wasser etwa 1 cm hoch über dem Reis steht. Zum Kochen bringen, Deckel auflegen, Platte ausschalten und den Reis etwa 20 Minuten quellen lassen. Ab und zu nachsehen, ob der Reis nicht anbrennt. Notfalls ein wenig Wasser nachgießen. Wichtig: Nicht salzen!*

### Für 4 Personen

Sie brauchen dazu 45 Minuten

➤ *Ist wirklich ganz einfach*

**DIESE BASICS BRAUCHEN SIE:**
*2 cm großes Stück Ingwerwurzel*
*5 EL Kokosmilch*
*5 EL Sesamöl*
*5 EL Sojasauce*

**DIE RESTLICHEN ZUTATEN:**
*4 Knoblauchzehen*
*1–2 TL Chilipulver*
*Saft von 1/2 Zitrone*
*2 EL gehäutete Mandeln*
*2 EL gehackte Cashewkerne*
*Salz*
*Pfeffer aus der Mühle*
*500 g weißes Fischfilet*
  *(z.B. Kabeljau oder Zander)*
*1 EL in feine Streifen*
  *geschnittene Petersilie*

**1** Die Knoblauchzehen und die Ingwerwurzel schälen und beides grob zerkleinern. Mit Kokosmilch, Sesamöl, Sojasauce, 1 TL Chilipulver, Zitronensaft und Mandeln in einen Mixer geben und fein pürieren.

**2** Die Sauce in einen Wok oder eine Pfanne geben und bei starker Hitze kurz aufkochen lassen. Dann die Temperatur zurückschalten, so daß die Sauce nur noch ganz leise köchelt.

**3** Die Cashewkerne unter die Sauce mischen, mit Salz und Pfeffer abschmecken. Nach Belieben das restliche Chilipulver dazugeben.

**4** Fischfilet waschen und mit Küchenpapier trockentupfen. Das Filet in etwa 3 cm große Stücke schneiden. Die Fischstücke in die Sauce legen und etwa 8 Minuten sanft darin ziehen lassen. Zum Schluß die Petersilienstreifen darüber streuen.

**DAS EXTRA:** Wollen Sie dem Gericht eine ganz besondere asiatische Note verleihen? Ja, dann lassen Sie einfach sehr fein geschnittenes Zitronengras und Zitronenblätter (bekommen Sie beides im Asienladen) in der Sauce mitköcheln. Und das fertige Curry garnieren Sie mit ganzen Zitronengrasstangen und Zitronenblättern.

# Geflügelcurry mit Banane

## in aromareicher Kokossauce

**Für 4 Personen**

Sie brauchen dazu 50 Minuten
(+ 5 Stunden ziehen lassen)

➤ *Am besten mit Reis genießen*

**DIESE BASICS BRAUCHEN SIE:**
*200 ml Kokosmilch*
*1 TL geriebene Ingwerwurzel*

**DIE RESTLICHEN ZUTATEN:**
*4 große Hähnchenschenkel*
*5 Knoblauchzehen*
*1 TL ganzer Kümmel*
*2 TL Curry*
*1–2 Msp. Chilipulver*
*2 Zwiebeln*
*1/2 Banane*
*Salz, Pfeffer aus der Mühle*
*4 EL Keimöl*
*400 ml Geflügelbrühe*
*1/2 TL abgeriebene, unbehandelte
    Zitronenschale*

**1** Die Hähnchenschenkel waschen, trockentupfen und mit der Geflügelschere jeweils in den Ober- und Unterschenkel teilen.

**2** Knoblauch schälen und fein würfeln. Kümmel hacken oder im Mörser grob zerstoßen. Knoblauch und Kümmel mit Kokosmilch, Curry, Chilipulver und Ingwer zu einer Marinade verrühren. Hähnchenteile darin etwa 5 Stunden abgedeckt ziehen lassen.

**3** Die Zwiebeln schälen und fein würfeln, die Banane in 1/2 cm dicke Scheiben schneiden. Hähnchenteile aus der Marinade nehmen, abtropfen lassen und salzen und pfeffern.

**4** Das Keimöl erhitzen und die Hähnchenteile darin rundherum knusprig anbraten. Die Zwiebeln dazugeben und kurz mitbraten.

**5** Die Hähnchenteile mit der Brühe und der Marinade aufgießen, die Zitronenschale und die Banane untermischen. Geflügelcurry etwa 15–20 Minuten sanft köcheln lassen.

# Entencurry mit Honig

## es gibt nichts Besseres

**1** Das Filet waschen, trockentupfen und mit einem sehr scharfen Messer in 1/2 cm dicke Scheiben schneiden. 3 EL Keimöl erhitzen und die Fleischscheiben portionsweise bei starker Hitze auf beiden Seiten je 1 Minute braten, bis sie schön gebräunt sind. Mit Salz und Pfeffer würzen.

**2** Die Sojasauce mit Balsamessig, Honig, Sesamöl, Sesamsamen, Chilipulver und Zimt gründlich verrühren. Fleischscheiben in eine Schüssel geben, mit der Marinade begießen und 2 Stunden abgedeckt darin ziehen lassen.

**3** Die Zwiebel schälen und fein hacken. Übriges Keimöl erhitzen und Zwiebel und Mandeln darin andünsten. Kokosmilch und Wein unterrühren. Das Fleisch aus der Marinade heben, abtropfen lassen und beiseite legen. Marinade unter die Sauce mischen und 15 Minuten sanft köcheln lassen.

**4** Die Pfirsiche in ein Sieb geben und abtropfen lassen, dann in dünne Scheiben schneiden. Die Pfirsich- und Fleischscheiben in die Sauce geben und darin erwärmen.

### Für 4 Personen

Sie brauchen dazu 50 Minuten
(+ 2 Stunden ziehen lassen)

➤ *Hier kann keiner widerstehen*

**DIESE BASICS BRAUCHEN SIE:**
*5 EL Sojasauce*
*2 EL Sesamöl*
*1 EL heller Sesamsamen*
*8 EL Kokosmilch*

**DIE RESTLICHEN ZUTATEN:**
*600 g Entenbrustfilet (ohne Haut)*
*5 EL Keimöl*
*Salz, Pfeffer aus der Mühle*
*3 EL Aceto balsamico*
*3 EL Honig*
*1/2 TL Chilipulver*
*2 Msp. gemahlener Zimt*
*1 Zwiebel*
*2 EL gehackte Mandeln*
*200 ml Weißwein*
*4 Pfirsichhälften (aus der Dose)*

# Raffiniertes Lammcurry
## sorgt für Abwechslung

### DER PROFI-TIP

*Ein besonders tolles Aroma bekommt das Lammcurry, wenn Sie frische, gehackte Minze oder feingeschnittenes Basilikum nach dem Garen darüber streuen. Bei der Minze reicht ein Eßlöffel aus, sonst wird es zu intensiv. Beim Basilikum dürfen es dagegen ruhig zwei Eßlöffel sein. Auch sehr fein: ein wenig hauchfein abgeriebene Limettenschale zum Schluß untermischen.*

### Für 4 Personen

Sie brauchen dazu 30 Minuten
(+ 40 Minuten köcheln lassen)

➤ *Bringt jeden auf Trab*

**DIESE BASICS BRAUCHEN SIE:**
*3 EL Kokosmilch*

**DIE RESTLICHEN ZUTATEN:**
*800 g Lammfleisch
    (aus der Keule)
400 g festkochende Kartoffeln*

*300 g Zwiebeln
4 Knoblauchzehen
2 rote Paprikaschoten
4 EL Keimöl
Salz, Pfeffer aus der Mühle
2 EL Curry
1/4 TL gemahlener Zimt
3 Gewürznelken
1/2 TL Chilipulver
1/4 l Gemüsebrühe
100 g rote Linsen
1 Limette (ersatzweise Zitrone)*

**1** Das Lammfleisch waschen und gut trockentupfen, die Kartoffeln schälen. Fleisch und Kartoffeln in etwa 3 cm große Würfel schneiden.

**2** Zwiebeln und Knoblauch schälen und hacken. Paprika waschen, halbieren und die Samen sowie Samenwände entfernen. Die Paprikahälften in etwa 1/2 cm breite Streifen schneiden.

**3** In einem Wok oder einer Pfanne 2 EL Keimöl erhitzen und Fleisch und Kartoffeln darin anbraten. Mit Salz und Pfeffer würzen, herausnehmen. Restliches Öl erhitzen, Zwiebeln, Knoblauch und Paprika anbraten.

**4** Das Fleisch, die Kartoffeln und die Gewürze untermischen. Brühe und Kokosmilch aufgießen und alles etwa 40 Minuten sanft köcheln lassen. 10–15 Minuten vor Ende der Garzeit die Linsen dazugeben, mitkochen.

**5** Die Limette gründlich waschen und trockenreiben. Eine Hälfte davon in dünne Scheiben schneiden, von der anderen Hälfte den Saft auspressen. Das Curry mit Limettensaft, Salz und Pfeffer abschmecken. Mit Limettenscheiben garnieren.

# Feurige Curryspieße
## Stück für Stück ein Genuß

**Für 4 Personen**

Sie brauchen dazu 1 1/2 Stunden
(+ 1 Stunde ziehen lassen)

➤ *Auch fürs Buffet geeignet*

**DIESE BASICS BRAUCHEN SIE:**
*5 cm großes Stück Ingwerwurzel*
*10 EL Sojasauce*
*10 EL Sesamöl*

**DIE RESTLICHEN ZUTATEN:**
*800 g Rinderfilet*
*(aus der Lende oder Hüfte)*
*2 Mangos (nicht zu weich)*
*7 EL Aceto balsamico*
*3 EL Zucker*
*2 EL Curry*
*1 TL Chilipulver*
*Pfeffer aus der Mühle*
*1 Ei*
*150 g Speisestärke*
*50 g Mehl*
*Salz*
*1/2 l Pflanzenöl zum Fritieren*
*6 EL kalte Butter*

**1** Das Fleisch waschen, trockentupfen und in 2 cm große Würfel schneiden. Den Ingwer schälen und in sehr dünne Scheiben schneiden. Die Mangos schälen und das Fruchtfleisch in etwa 1 cm dicken, kleinen Spalten vom Kern schneiden. Das Fleisch, den Ingwer und die Mango abwechselnd auf Holzspieße stecken.

**2** Die Sojasauce mit Balsamessig, Zucker, Curry, Chilipulver, Sesamöl und wenig Pfeffer zur einer Marinade verrühren. Die Spieße darin wenden, abgedeckt 1 Stunde ziehen lassen.

**3** Ei, 200 ml kaltes Wasser, Stärke, Mehl und 1 Prise Salz kräftig zu einem Teig verschlagen. Abdecken und den Teig ebenfalls für 1 Stunde kühl stellen.

**4** Das Pflanzenöl in einem Topf oder einer Friteuse auf 180 °C erhitzen. Die Spieße aus der Marinade heben und gut abtropfen lassen. Dann die Spieße durch den Teig ziehen und im heißen Fett goldbraun fritieren. Auf Küchenpapier abtropfen lassen.

**5** Die übrige Marinade aufkochen und die Butter unterschlagen. Mit Salz und Pfeffer abschmecken. Die Sauce zu den Spießen servieren.

# Pikanter Curryreis

## mit Ei verfeinert

### Für 4 Personen

Sie brauchen dazu 35 Minuten
(+ 1 Stunde ziehen lassen)

➤ *Sättigt und wärmt den Magen*

**DIESE BASICS BRAUCHEN SIE:**
6 EL Sojasauce
5 EL Sesamöl

**DIE RESTLICHEN ZUTATEN:**
400 g Schweinefilet
2 EL Honig
2 EL Ketchup

3 EL Curry
1 EL Speisestärke
1 Zwiebel
300 g Langkornreis (Duft-
oder Basmatireis)
800 ml Gemüsebrühe
2 Bund Frühlingszwiebeln
2 Knoblauchzehen
2 EL Keimöl
2 Eier
2 EL Weißweinessig
Salz
Pfeffer aus der Mühle

**1** Das Fleisch waschen, trockentupfen und in 1/2 cm dicke Streifen schneiden. Sojasauce, Honig, Ketchup, 1 EL Curry und Stärke zu einer Marinade verrühren. Das Fleisch darin abgedeckt 1 Stunde ziehen lassen.

**2** Die Zwiebel schälen und fein hacken. Das Sesamöl erhitzen und die Zwiebel darin anschwitzen. Reis und übrigen Curry dazugeben, Brühe aufgießen und den Reis etwa 20 Minuten sanft köcheln lassen. Frühlingszwiebeln putzen, waschen und in 1–2 cm große Röllchen schneiden. Die Knoblauchzehen schälen und hacken.

**3** Keimöl in einem Wok oder einer Pfanne erhitzen. Fleisch aus der Marinade heben, nur kurz abtropfen lassen und anbraten, herausnehmen. Die Frühlingszwiebeln und den Knoblauch hineingeben und anschwitzen. Reis und Fleisch unter die Zwiebeln mischen.

**4** Die Eier, Essig und übrige Marinade verrühren und unter den Curryreis mischen. Mit Salz und Pfeffer pikant abschmecken.

# Gemüsecurry mit Sesam

## Knackiges für Vegis

**1** Zwiebeln und Knoblauch schälen und fein hacken. 2 EL Keimöl erhitzen und Zwiebeln, Knoblauch, Mandeln und Kokosraspel anschwitzen. Mit Wein und Brühe aufgießen, Sesamöl untermischen und alles 5 Minuten durchköcheln lassen.

**2** Die Chilischoten von Stielansatz und Samen befreien, waschen und in sehr feine Streifen schneiden. Mit dem Sesamsamen unter die Sauce mischen. Einmal aufkochen lassen, dann sanft ziehen lassen.

**3** Inzwischen Zuckerschoten waschen, die Enden eventuell abknipsen und die Schoten schräg halbieren. Die Selleriestangen putzen und waschen. Die Paprika waschen, Samen sowie Samenwände entfernen. Sellerie und Paprika in etwa 1 cm große Stücke schneiden. Die Möhre schälen und in dünne Scheiben schneiden.

**4** Restliches Keimöl erhitzen und das Gemüse darin kurz anbraten. Die Sauce unter das Gemüse mischen und alles bei geringer Hitze 8–10 Minuten köcheln lassen. Das Curry mit Zucker, Essig, Salz und Pfeffer abschmecken.

### Für 4 Personen

Sie brauchen dazu 30 Minuten

➤ *Geht ganz schnell*

**DIESE BASICS BRAUCHEN SIE:**
*2 EL Kokosraspel*
*6 EL Sesamöl*
*1 EL heller Sesamsamen*

**DIE RESTLICHEN ZUTATEN:**
*2 Zwiebeln, 2 Knoblauchzehen*
*4 EL Keimöl*

*2 EL gehackte Mandeln*
*1/8 l Weißwein*
*1/8 l Gemüsebrühe*
*2 Chilischoten*
*200 g Zuckerschoten*
*2 Stangen Staudensellerie*
*1/2 gelbe Paprikaschote*
*1 große Möhre*
*1 EL Zucker*
*3 EL Weißweinessig*
*Salz*
*Pfeffer aus der Mühle*

# 4

# Alles aus dem Meer

Fisch und Meeresfrüchte wie Garnelen, Muscheln und Tintenfische sind vor allem in den Küstenregionen und den Inselstaaten Asiens die Nummer eins auf dem Speiseplan. Aber auch aus unserem heimischen Angebot kann nach Lust und Laune ausgewählt werden. Jetzt nur noch schnell säubern, zerkleinern und ab in den Wok damit.

# Bunte Garnelenspieße

## mit einem Hauch Exotik

» Garnelen, Prawns oder Scampi –
egal unter welcher Bezeichnung
Sie die Meerestiere bekommen, achten
Sie immer auf schön festes Fleisch,
dann sind sie frisch. «

**Für 4 Personen**

Sie brauchen dazu 45 Minuten

➤ *Auch fürs Buffet geeignet*

**DIESE BASICS BRAUCHEN SIE:**
*80 g Kokosraspel*
*4 EL Sesamöl*
*5 EL Sojasauce*

**DIE RESTLICHEN ZUTATEN:**
*2 kleine rote Paprikaschoten*
*2 kleine Zwiebeln*
*16 kleine Champignons*
*500 g Garnelen (ohne Schale)*
*1 Knoblauchzehe*
*1 Eiweiß*
*Salz*
*Pfeffer aus der Mühle*
*5 EL Keimöl*
*5 EL Ketchup*
*3 EL Zucker*
*1 Msp. Chilipulver*
*2 EL Aceto balsamico*
*2 EL weiche Butter*

**1** Paprikaschoten waschen, halbieren und die Samen sowie Samenwände entfernen. Die Paprikahälften in etwa 2 cm große Stücke schneiden. Die Zwiebeln schälen und vierteln oder achteln. Die Champignons mit einem trockenen Tuch abreiben.

**2** Die Garnelen mit einem kleinen scharfen Messer am Rücken leicht einschneiden und den Darmstrang entfernen, waschen und trockentupfen. 200 g Garnelen mit dem Stabmixer fein pürieren. Den Knoblauch schälen und dazupressen. Mit Kokosraspeln, Sesamöl und Eiweiß zu einer formbaren Masse verarbeiten. Mit Salz und Pfeffer würzen. Aus der Masse kleine Bällchen (etwa 2 cm Ø) formen.

**3** Die restlichen Garnelen salzen und mit den Bällchen und dem Gemüse abwechselnd auf Holzspieße stecken. Keimöl in einem Wok oder einer Pfanne erhitzen und die Spieße darin sanft etwa 5 Minuten braten.

**4** Ketchup mit 2 EL Zucker, Chilipulver und 3 EL Wasser verrühren und einmal kurz aufkochen lassen. Die Sojasauce mit Aceto, übrigem Zucker und der Butter vermischen und ebenfalls einmal aufkochen. Die beiden Dips in kleine Schälchen füllen und zu den bunten Garnelenspießen servieren.

# Knoblauch-Garnelen
## mit erfrischender Ananas

### DER PROFI-TIP

*Wenn Sie Gäste haben: Zwei nicht zu große Ananas längs halbieren und das Fruchtfleisch so auslösen, daß ein schmaler Rand stehenbleibt. Den dabei austretenden Saft für die Sauce verwenden. Das Fruchtfleisch in 1 cm große Stücke schneiden und unter die angebratenen Garnelen mischen. Fertige Garnelen samt Sauce in die Ananashälften füllen, Kräuter darüber streuen, servieren.*

### Für 4 Personen

Sie brauchen dazu 1 1/2 Stunden

➤ *Für besondere Anlässe*

**DIESE BASICS BRAUCHEN SIE:**
*1 TL geriebene Ingwerwurzel*
*1 TL Sojasauce*

**DIE RESTLICHEN ZUTATEN:**
*500 g Garnelen (ohne Schale)*
*1 Eiweiß*
*4 TL Speisestärke*

*1 TL Curry*
*4–5 Knoblauchzehen, Salz*
*1 kleine Dose Ananasstücke*
  *(150 g Abtropfgewicht)*
*3 EL Weißweinessig*
*1/2 TL Zucker*
*2 EL Ketchup*
*1 Msp. Chilipulver*
*5 EL Gemüsebrühe*
*800 ml Pflanzenöl zum Fritieren*
*1 EL grobgehacktes Koriandergrün oder Petersilie*

**1** Die Garnelen mit einem kleinen scharfen Messer am Rücken leicht einschneiden und den Darmstrang entfernen, waschen und trockentupfen. Die Garnelen nach Belieben der Länge nach halbieren.

**2** Das Eiweiß mit einem Schneebesen schaumig schlagen. Nach und nach 2 1/2 TL Stärke, Ingwer, Sojasauce und Curry unterrühren. Knoblauch schälen und in die Marinade pressen, salzen. Garnelen darin 30 Minuten abgedeckt ziehen lassen.

**3** Die Ananas in ein Sieb geben und abtropfen lassen, dabei den Saft auffangen. 5 EL des Saftes mit Essig, Zucker, Ketchup, Chilipulver, Brühe und übriger Stärke verschlagen. Die Sauce einmal aufkochen lassen.

**4** Das Pflanzenöl in einem Topf oder einer Friteuse auf 150 °C erhitzen. Die Garnelen im heißen Öl 1 1/2 Minuten fritieren, herausnehmen und auf Küchenpapier abtropfen lassen.

**5** Vom Fritieröl 2 EL abnehmen und in einem Wok oder einer Pfanne erhitzen. Die Garnelen nochmals kurz anbraten, dann die Ananasstücke und die Sauce untermischen. Koriander oder Petersilie darüber streuen.

# Fischpfanne „Asia"

## rundum verlockend

### DER PROFI-TIP

*Sollte sich die feine Schale des Knoblauchs einmal schwer abschälen lassen (ist vor allem bei sehr frischen Zehen der Fall), wenden Sie folgenden Trick an: Knoblauchzehe auf das Arbeitsbrett legen und mit der flachen Seite eines großen Küchenmessers kurz, aber kräftig darauf schlagen. Jetzt die Schale mit einem kleinen spitzen Messer nur noch einschneiden und ablösen.*

### Für 4 Personen

Sie brauchen dazu 40 Minuten

➤ *Ist wirklich einfach*

**DIESE BASICS BRAUCHEN SIE:**
*2 EL Sesamöl*
*150 ml Kokosmilch*

**DIE RESTLICHEN ZUTATEN:**
*600 g weißes Fischfilet*
    *(z.B. Kabeljau oder Zander)*
*1 Zwiebel*
*7 Knoblauchzehen*
*2 Msp. Chilipulver*
*1 TL Zucker*
*Saft von 1–2 unbehandelten*
    *Limetten und 1 TL abgerie-*
    *bene Schale (ersatzweise*
    *Zitronen)*
*100 ml Weißwein*
*2 TL Speisestärke (mit 5 EL*
    *kaltem Wasser angerührt)*
*Salz*
*200 ml Pflanzenöl zum Fritieren*

**1** Fischfilet waschen, trockentupfen und in etwa 2–3 cm große Würfel schneiden. Zwiebel und Knoblauch schälen. Die Zwiebel und 2 Knoblauchzehen in sehr kleine Würfel schneiden, restlichen Knoblauch in feine Scheiben schneiden.

**2** In einem Wok oder einer Pfanne 1 EL Sesamöl erhitzen und die Fischwürfel rundum etwa 2 Minuten braten, bis sie leicht gebräunt sind. Herausnehmen und abgedeckt warm halten.

**3** Restliches Sesamöl erhitzen und Zwiebel- und Knoblauchwürfel darin anbraten. Chilipulver, Zucker, Kokosmilch, Limettensaft und -schale sowie Weißwein untermischen, die Sauce 1 Minute köcheln lassen.

**4** Die Stärke unter die Sauce mischen, kurz aufkochen lassen, salzen. Die Fischwürfel in die Sauce legen, den Wok oder die Pfanne mit dem Deckel verschließen und vom Herd nehmen. Den Fisch 5 Minuten ziehen lassen.

**5** Das Pflanzenöl in einem Topf oder einer Friteuse auf 180 °C erhitzen. Die Knoblauchscheiben darin goldbraun fritieren, auf Küchenpapier ganz kurz abtropfen lassen und sofort über die Fischpfanne streuen.

# Herzhafte Chili-Kalmare
## mit cremigem Dip

**Für 4 Personen**

Sie brauchen dazu 50 Minuten
(+ 30 Minuten auftauen lassen)

➤ *Sollte rasch gegessen werden*

**DIESE BASICS BRAUCHEN SIE:**
*2 EL Sojasauce*
*3 EL Sesamöl*
*1 TL heller Sesamsamen*

**DIE RESTLICHEN ZUTATEN:**
*800 g tiefgekühlte Tintenfisch-*
*ringe (Kalmare oder Sepia)*
*Saft von 1/2 Zitrone*
*Salz*
*2 Schalotten*
*100 g Crème fraîche*
*1 EL Weißweinessig*
*1 TL Chilipulver*
*2 Knoblauchzehen*
*Pfeffer aus der Mühle*
*3 Eier*
*150 g Mehl*
*200 ml Weißwein*
*1 l Pflanzenöl zum Fritieren*
*2 EL Speisestärke*

**1** Tintenfischringe in ein ausreichend großes Sieb geben und auftauen lassen, dabei immer wieder gut durchmischen. Dann die Tintenfischringe mit Küchenpapier trockentupfen. Mit Zitronensaft beträufeln, salzen und kurz ziehen lassen.

**2** Inzwischen die Schalotten schälen und in sehr kleine Würfel schneiden. Mit Crème fraîche, Sojasauce, Essig, 2 EL Sesamöl, Sesamsamen und 1/2 TL Chilipulver verrühren. 1 Knoblauchzehe schälen und dazupressen. Den Dip mit Salz und Pfeffer würzen.

**3** Die Eier trennen. Die Eigelbe mit Mehl, übrigem Sesamöl, Weißwein und restlichem Chilipulver mit einem Schneebesen kräftig verschlagen. Die übrige Knoblauchzehe schälen und dazupressen. Den Teig mit Salz und Pfeffer würzen. Die Eiweiße steif schlagen und unter den Teig heben.

**4** Das Pflanzenöl in einem Topf oder einer Friteuse auf 180 °C erhitzen. Die Tintenfischringe abtropfen lassen. Nacheinander in der Stärke wenden, durch den Teig ziehen und im heißen Öl goldbraun ausbacken. Auf Küchenpapier abtropfen lassen. Die Tintenfischringe mit dem Dip servieren.

# Fischfilet mit feurigen Nudeln
## eine gelungene Kombination

### DER PROFI-TIP

*Auch nicht zu verachten ist das Fischfilet, wenn Sie statt der herkömmlichen Nudeln die gleiche Menge Glasnudeln verwenden. Diese nicht kochen, sondern 10 Minuten in heißem Wasser einweichen. Dann die Glasnudeln in einem Sieb abtropfen lassen und, mit der Küchenschere zerkleinern. Mit dem Wein sowie der Marinade unter die Nüsse und Zuckerschoten mischen und erhitzen.*

### Für 4 Personen

Sie brauchen dazu 1 Stunde

➤ *Bringt jeden auf Trab*

**DIESE BASICS BRAUCHEN SIE:**
*5 EL Sojasauce*
*1 EL geriebene Ingwerwurzel*
*3 EL Sesamöl*

**DIE RESTLICHEN ZUTATEN:**
*400 g feine Nudeln (z.B. dünne Bandnudeln oder Spaghetti)*

*Salz, 300 g Zuckerschoten*
*650 g weißes Fischfilet (z.B. Kabeljau oder Zander)*
*1 TL Chilipulver*
*4 EL Weißweinessig*
*1 EL Speisestärke, 1 EL Zucker*
*1 Knoblauchzehe*
*150 g geröstete, gesalzene Erdnüsse*
*6 EL Keimöl*
*6 EL Weißwein*
*Pfeffer aus der Mühle*

**1** Die Nudeln nach Packungsaufschrift in reichlich kochendem Salzwasser al dente kochen. In ein Sieb gießen, abschrecken und abtropfen lassen.

**2** Die Zuckerschoten waschen, Enden eventuell abknipsen. Die Schoten längs in feine Streifen schneiden und in wenig kochendem Salzwasser in etwa 1 Minute bißfest garen.

**3** Fischfilet waschen, trockentupfen und in mundgerechte Stücke schneiden. Die Sojasauce mit Ingwer, Chilipulver, Essig, Sesamöl, Stärke und Zucker zu einer Marinade verrühren. Den Knoblauch schälen und dazupressen. Die Fischstücke in der Marinade abgedeckt etwa 5 Minuten ziehen lassen. Inzwischen die Nüsse hacken.

**4** In einem Wok oder einer Pfanne 4 EL Keimöl erhitzen und den Fisch samt etwas Marinade darin abgedeckt sanft 2–3 Minuten garen, herausnehmen.

**5** Restliches Keimöl erhitzen und die Zuckerschoten und die Nüsse kurz anbraten. Nudeln, übrige Marinade und Weißwein untermischen, alles erwärmen. Mit Salz und Pfeffer abschmecken. Dann die Fischstücke vorsichtig unter die Nudeln mischen.

# Zander in knuspriger Hülle

## macht Lust auf mehr

**Für 4 Personen**

Sie brauchen dazu 1 Stunde

➤ *Für besondere Anlässe*

**DIESE BASICS BRAUCHEN SIE:**
*2 EL Sesamöl*
*2 EL schwarzer Sesamsamen*
   *(Schwarzkümmel)*
*3 EL Sojasauce*
*4 runde Blätter Frühlingsrollen-*
   *teig (28 cm Ø); ersatzweise*
   *eckige Blätter (30 x 30 cm)*

**DIE RESTLICHEN ZUTATEN:**
*3 Tomaten*
*je 1 rote und grüne Paprikaschote*
*1 kleine Stange Lauch*
*1 Zwiebel*
*1 Knoblauchzehe*
*9 EL Keimöl*
*1 EL Tomatenmark*
*3 EL Weißweinessig*
*2 EL Semmelbrösel*
*650 g Zanderfilet (ohne Haut)*
*Salz*
*1 Eigelb*

**1** Tomaten kreuzweise einschneiden, kurz in kochendheißes Wasser geben, enthäuten und entkernen. Die Paprika waschen, halbieren und die Samen sowie Samenwände entfernen. Den Lauch putzen, längs halbieren und gründlich waschen. Tomatenfruchtfleisch, Paprika und Lauch in kleine Würfel schneiden. Zwiebel und Knoblauch schälen und fein hacken.

**2** 1 EL Keimöl erhitzen und das Gemüse anbraten. Tomatenmark, Sesamöl, 1 EL Sesamsamen, Sojasauce, Essig und Semmelbrösel untermischen und in etwa 5 Minuten zu einer festen Farce einkochen, abkühlen lassen.

**3** Das Fischfilet waschen, trockentupfen und in 4 gleich große Teile schneiden. Die Teigblätter ausbreiten und mit je einem Viertel der Farce bestreichen, daß rundum ein etwa 1 cm breiter Rand frei bleibt. Die Fischfiletstücke in die Mitte setzen, salzen.

**4** Die Randstreifen mit Eigelb bestreichen. Zwei gegenüberliegende Randstreifen einschlagen, dann den verbleibenden Teig nacheinander über den Fisch schlagen, gut festdrücken.

**5** Restliches Keimöl erhitzen. Die Fischpäckchen darin sofort in etwa 3 Minuten pro Seite goldbraun braten. Restliche Sesamsamen darüber streuen.

# Tempura-Fischbällchen

## nach Landhaus Art

» Das nussige Aroma des Sesamöls verleiht vielen Gerichten einen zusätzlichen asiatischen Touch. Probieren Sie's aus. Geben Sie wenige Tropfen auf die fritierten Bällchen. «

**Für 4–6 Personen**

Sie brauchen dazu 40 Minuten

➤ *Hier ist Geduld gefragt*

**DIESE BASICS BRAUCHEN SIE:**
2 TL geriebene Ingwerwurzel
2 EL Sesamöl
3 EL Sojasauce

**DIE RESTLICHEN ZUTATEN:**
700 g weißes Fischfilet
   (z.B. Kabeljau oder Zander)
3 Knoblauchzehen
2 Msp. Chilipulver
3 EL Weißweinessig
Salz
2 rote Paprikaschoten
4 EL Ketchup
2 EL Zucker
2 EL Aceto balsamico
2 EL weiche Butter
1/2 l Pflanzenöl zum Fritieren
50 g Mehl
150 g Speisestärke
1 Ei, 1 kaltes Eiweiß

**1** Fisch waschen, trockentupfen und in 1 cm große Würfel schneiden. 1 Knoblauchzehe schälen, hacken und mit 1 TL Ingwer und Sesamöl vermischen. Mit 1 Msp. Chilipulver, 1 EL Essig und Salz würzen. Die Marinade über dem Fisch verteilen, etwa 15 Minuten im Kühlschrank ziehen lassen.

**2** Inzwischen Paprikaschoten waschen, halbieren und Samen sowie Samenwände entfernen. Die Schotenhälften in sehr kleine Würfel schneiden. Mit Ketchup, 1 EL Zucker, restlichem Essig und Chilipulver zu einer Sauce vermischen und 1 Minute köcheln lassen. Sojasauce, übrigen Zucker und Ingwer, Balsamessig und Butter zu einer Sauce vermischen. Restliche Knoblauchzehen schälen und dazupressen. Die Sauce 1 Minute köcheln lassen.

**3** Pflanzenöl in einem Topf oder einer Friteuse auf 180 °C erhitzen. Mehl, Stärke, ganzes Ei und 200 ml kaltes Wasser zu einem Teig verrühren. Fisch samt Marinade und Eiweiß pürieren, salzen. Die Fischmasse zu kleinen Bällchen (3 cm Ø) formen.

**4** Nacheinander die kleinen Bällchen durch den Teig ziehen und im heißen Öl goldbraun fritieren, abtropfen lassen. Die Tempura-Fischbällchen mit den beiden Saucen servieren.

# Zartes Lachsfilet

## liebevoll verpackt

### DER PROFI-TIP

*Das Tüpfelchen auf dem »i« setzen Sie, indem Sie die kleinen Lachspäckchen auf einem Salatbett servieren. Ausgesprochen gut passen Chinakohl und Rettich, beides in feine Streifen geschnitten. Marinieren Sie die Streifen vor dem Anrichten kurz in einer Vinaigrette aus Limettensaft, Sesamöl, Honig, Salz und weißem Pfeffer. Als Garnitur sind Schnittlauchstengel optimal.*

### Für 4 Personen

Sie brauchen dazu 40 Minuten

➤ *Optimal auch als Vorspeise für 8 Personen*

### DIESE BASICS BRAUCHEN SIE:
*3 EL Sesamöl*
*5 EL Sojasauce*
*8 runde Blätter Frühlingsrollenteig (16 cm Ø); ersatzweise eckige Blätter (21,5 x 21,5 cm), zurechtgeschnitten*

### DIE RESTLICHEN ZUTATEN:
*100 g Staudensellerie*
*100 g Brokkoli*
*100 g Champignons*
*2 Zwiebeln*
*500 g Lachsfilet (ohne Haut)*
*3 EL Obstessig*
*1 EL Zucker*
*Salz, Pfeffer aus der Mühle*
*1 Knoblauchzehe*
*1 l Pflanzenöl zum Fritieren*
*16 Schnittlauchstengel*

**1** Sellerie und Brokkoli putzen und waschen, Brokkoli in winzig kleine Röschen teilen. Die Pilze mit einem trockenen Tuch abreiben und mit dem Sellerie in kleine Würfel schneiden. Die Zwiebeln schälen und fein hacken.

**2** Lachsfilet waschen, trockentupfen und in 2 cm große Würfel schneiden. Das Sesamöl in einem Wok oder einer Pfanne erhitzen und den Lachs darin 2 Minuten anbraten, herausnehmen.

**3** Das vorbereitete Gemüse in den Wok oder die Pfanne geben und anschwitzen. Mit Essig und Sojasauce ablöschen. 5 Minuten köcheln lassen, bis die Flüssigkeit verdampft ist. Mit Zucker, Salz und Pfeffer würzen. Den Knoblauch schälen und dazupressen. Den Fisch zum Gemüse geben und vorsichtig untermischen.

**4** Das Pflanzenöl in einem Topf oder einer Friteuse auf 180 °C erhitzen. Die Schnittlauchstengel kurz in kochendheißes Wasser tauchen.

**5** Die Teigblätter ausbreiten und jeweils etwas Fisch-Gemüse-Mischung in die Mitte setzen. Die Teigblätter über der Füllung zusammenfassen und mit jeweils 2 Schnittlauchstengeln zusammenbinden. Päckchen im heißen Öl goldbraun fritieren, auf Küchenpapier abtropfen lassen.

# ⑤

# Lust auf Fleisch

Fleischgerichte sind in Asien etwas ganz
Besonderes. Sie werden dann serviert,
wenn es in der Familie etwas zu feiern gibt
oder wenn Gäste geladen sind. Rind,
Kalb, Lamm, Schwein oder Geflügel – egal
für welche Sorte man sich entscheidet,
von ausgezeichneter Qualität muß sie
sein. Nur so ist das Gericht Biß
für Biß ein Hochgenuß.

# Würziges Rindfleisch-Saté
## mit Ingwer und Knoblauch

### DER PROFI-TIP

*Ich lege die Holzspieße, bevor ich die Zutaten darauf stecke, zuerst für etwa 15 Minuten in lauwarmes Wasser. In dieser Zeit saugt sich das Holz mit Wasser voll, und die Spieße quellen auf. Während des Bratens verdunstet dann die aufgesogene Flüssigkeit. Fleisch und Gemüse sitzen jetzt locker auf dem Spieß und lassen sich ganz ohne Probleme wieder herunterziehen.*

### Für 4 Personen

Sie brauchen dazu 45 Minuten
(+ 1 Stunde ziehen lassen)

➤ *Auch fürs Buffet geeignet*

**DIESE BASICS BRAUCHEN SIE:**
5 EL Sojasauce
2 EL Sesamöl
10 EL Kokosmilch
3 cm großes Stück Ingwerwurzel

**DIE RESTLICHEN ZUTATEN:**
*700 g Rinderfilet*
*Pfeffer aus der Mühle*
*1 EL Curry*
*3 Zwiebeln*
*7 große Knoblauchzehen*
*200 g Fenchel*
*4 EL Keimöl*
*3 Gewürznelken*
*1/2 TL Chilipulver*
*etwa 4 EL Fleischbrühe*
*Salz*

**1** Das Fleisch waschen, trockentupfen und in 2 cm große Würfel schneiden, pfeffern. Sojasauce mit Sesamöl und Curry verrühren und das Fleisch darin etwa 1 Stunde ziehen lassen.

**2** Zwiebeln und 3 Knoblauchzehen schälen und in kleine Würfel schneiden. Den Fenchel putzen, waschen und den Strunk keilförmig herausschneiden. Den Fenchel ebenfalls in kleine Würfel schneiden.

**3** In einem Topf 2 EL Keimöl erhitzen. Gemüsewürfel, Nelken und das Chilipulver darin scharf anbraten. Mit der Kokosmilch und der Fleischbrühe ablöschen. Sauce im geschlossenen Topf 20 Minuten sanft köcheln lassen. (Sollte die Flüssigkeit zu wenig werden, mit etwas Brühe aufgießen.)

**4** Inzwischen den Ingwer schälen und in sehr dünne Scheiben schneiden. Die restlichen Knoblauchzehen schälen und längs vierteln. Die Knoblauchviertel und die Ingwerscheiben mit den Fleischwürfeln abwechselnd auf Holzspieße stecken.

**5** Das übrige Keimöl in einem Wok oder einer Pfanne erhitzen und die Saté-Spieße rundherum 8 Minuten braten. Die Nelken aus der Sauce nehmen. Die Sauce mit Salz abschmecken und zu dem Rindfleisch-Saté servieren.

# Lammfilet süß-sauer
## einfach verführerisch

### DER PROFI-TIP

*Dazu passen Reiskrapfen: 70 ml Kokosmilch, 70 ml Wasser, 70 g Butter und je 1 Prise Salz und Zucker aufkochen. Auf dem Herd 125 g Mehl unterarbeiten. 2 Eier, 100 g gegarten Reis und 2 EL Zitronensaft untermischen, salzen. Masse zu kleinen Bällchen (3 cm Ø) formen. 5 Blätter Frühlingsrollenteig in 3 cm lange, feine Streifen schneiden und die Bällchen darin wenden. Goldbraun fritieren.*

### Für 4 Personen

Sie brauchen dazu 30 Minuten
(+ 6 Stunden marinieren lassen)

➤ *Hier kann keiner widerstehen*

**DIESE BASICS BRAUCHEN SIE:**
*3 EL Sesamöl*
*2 EL Sojasauce*
*1/2 TL geriebene Ingwerwurzel*
*einige hauchdünne, fritierte*
*   Ingwerscheiben*

**DIE RESTLICHEN ZUTATEN:**
*600 g Lammfilet, 3 EL Zucker*
*1 Knoblauchzehe*
*Pfeffer aus der Mühle*
*6 EL Keimöl, 2 Zwiebeln*
*5 mittelgroße Tomaten*
*Saft von 1/2 Zitrone*
*1 Msp. Chilipulver*
*1 TL Speisestärke*
*1 EL Weißweinessig*
*einige Blätter Koriandergrün*
*   (ersatzweise Petersilie)*

**1** Das Lammfilet waschen und trockentupfen. 2 EL Sesamöl, Sojasauce und 1 EL Zucker zu einer Marinade verrühren. Knoblauch schälen und dazupressen, mit Pfeffer würzen. Das Fleisch mit der Marinade bestreichen, abgedeckt 6 Stunden ziehen lassen.

**2** Den Backofen auf 80 °C vorheizen. In einer ofenfesten Pfanne 4 EL Keimöl erhitzen und das Filet rundherum etwa 5 Minuten sanft anbraten. Dann die Pfanne in den Ofen schieben und das Fleisch 15 Minuten ruhen lassen.

**3** Inzwischen die Zwiebeln schälen und in kleine Würfel schneiden. Tomaten waschen und in grobe Würfel schneiden. Restliches Keimöl erhitzen und die Zwiebeln und Tomaten darin anschwitzen. Geriebenen Ingwer, restlichen Zucker, Zitronensaft, übriges Sesamöl und das Chilipulver untermischen, 10 Minuten köcheln lassen.

**4** Die Stärke mit dem Essig verrühren und unter das Tomatengemüse mischen. Einmal aufkochen lassen, dann mit dem Stabmixer pürieren.

**5** Das Filet mit einem scharfen Messer dünn aufschneiden und mit dem Tomatenpüree auf Teller geben. Mit dem Koriandergrün und den fritierten Ingwerscheiben garnieren.

# Schweinefilet im Sesamteig

## macht was her

**Für 4 Personen**

Sie brauchen dazu 25 Minuten

➤ *Geht ganz schnell*

**DIESE BASICS BRAUCHEN SIE:**
*1 TL heller Sesamsamen*
*1/2 TL geriebene Ingwerwurzel*
*3 EL Sesamöl*

**DIE RESTLICHEN ZUTATEN:**
*3 EL Weißweinessig*
*1 TL Zucker*
*5 EL Weißwein*
*1 Zwiebel*
*4 Knoblauchzehen*
*Salz*
*2 Msp. Chilipulver*
*500 g Schweinefilet*
*Pfeffer aus der Mühle*
*2 Eiweiße*
*4 EL Speisestärke*
*1/2 l Pflanzenöl zum Fritieren*

**1** Den Weißweinessig mit Zucker und Weißwein aufkochen. Zwiebel und Knoblauch schälen, fein hacken und unter den Wein-Essig-Dip mischen. Mit Salz und Chilipulver würzen.

**2** Das Fleisch waschen, trockentupfen und quer in 1/2 cm dicke Scheiben schneiden. Die Fleischscheiben mit Salz und Pfeffer würzen.

**3** Den Sesamsamen in einer Pfanne ohne Fett goldbraun anrösten. Die Eiweiße mit einem Schneebesen leicht schaumig schlagen. Den Sesamsamen, 2 EL Stärke und den Ingwer kräftig unterschlagen.

**4** Das Pflanzenöl in einem Topf oder einer Friteuse auf 180 °C erhitzen. Das Fleisch in der restlichen Stärke wenden, abklopfen. Nach und nach die Fleischstücke durch den Eiweißteig ziehen und im heißen Öl goldbraun fritieren. Auf Küchenpapier abtropfen lassen. Zum Schluß das Fleisch mit dem Sesamöl beträufeln. Mit der Sauce servieren.

# Hähnchenfilet mariniert
## und herrlich kroß gebraten

**1** Das Fleisch waschen, trockentupfen und in etwa 1/2 cm dicke Scheiben schneiden. Sojasauce, geriebenen Ingwer, Honig und Stärke mischen. Fleisch darin 1 Stunde ziehen lassen.

**2** Die Frühlingszwiebeln putzen, waschen und in 1 cm große Röllchen schneiden. Möhren schälen und in dünne Scheiben schneiden. Ingwerstück und Knoblauch schälen und in feine Streifen schneiden.

**3** Das Pflanzenöl in einem Topf oder einer Friteuse auf 180 °C erhitzen. Die Fleischscheiben 3 Minuten im heißen Öl fritieren, dann auf Küchenpapier abtropfen lassen. Das Keimöl erhitzen, das vorbereitete Gemüse dazugeben und kurz anbraten.

**4** Den Ketchup mit 5 EL Wasser, Essig, Chilipulver und Sesamöl verrühren. Die Sauce zum Gemüse geben, untermischen und alles einmal aufkochen lassen. Das Fleisch untermengen und und in wenigen Minuten erwärmen.

### Für 4 Personen

Sie brauchen dazu 40 Minuten
(+ 1 Stunde ziehen lassen)

➤ *Ist wirklich einfach*

**DIESE BASICS BRAUCHEN SIE:**
*2 EL Sojasauce*
*1 TL geriebene Ingwerwurzel*
*2 cm großes Stück Ingwerwurzel*
*2 EL Sesamöl*

**DIE RESTLICHEN ZUTATEN:**
*600 g Hähnchenbrustfilet*
*1 EL Honig*
*1 EL Speisestärke*
*1 kleines Bund Frühlingszwiebeln*
*2 Möhren*
*3 Knoblauchzehen*
*1 l Pflanzenöl zum Fritieren*
*2 EL Keimöl*
*5 EL Ketchup*
*1 EL Weißweinessig*
*1 TL Chilipulver*

# Die Peking-Ente

## ein bißchen extravagant

### Für 4 Personen

Sie brauchen dazu 4 Stunden
(+ gut 2 Tage ziehen, trocknen
und ruhen lassen)

➤ *Braucht viel Zeit*

### DIESE BASICS BRAUCHEN SIE:

*7 EL Sesamöl*
*8 EL Sojasauce*

### DIE RESTLICHEN ZUTATEN:

*1 küchenfertige junge Ente*
  *(etwa 2 kg; nicht aus der*
  *Tiefkühltruhe)*
*5 EL Gin*
*Salz*
*150 g Honig*
*250 g Mehl*
*1 Salatgurke*
*1 Bund Frühlingszwiebeln*
*5 EL Obstessig*
*1 TL Zucker*
*1/2 TL Speisestärke*

**1** Die Ente waschen und trockentupfen. Das Fett aus der Bauchhöhle mit einer Küchenschere oder einem kleinen scharfen Messer herausschneiden. Die Ente innen und außen mit Gin einreiben, abdecken und 1 Stunde ziehen lassen.

**2** In einem großen Topf reichlich Salzwasser zum Kochen bringen. Die Ente hineingeben und 3 Minuten darin ziehen lassen, herausnehmen und gründlich trockentupfen.

**3** Die Bauchhöhle der Ente mit 1 EL Salz einreiben. Die Beine mit einem dicken Küchengarn gut zusammenbinden und die Ente daran an einem luftigen Ort so lange aufhängen, bis die Haut richtig schön angetrocknet ist. Das dauert etwa 4 Stunden. (Achtung: Sollte die Haut noch feucht sein, die Ente lieber etwas länger hängen lassen.)

**4** Den Honig mit 8 EL heißem Wasser gründlich verrühren und damit die Ente so lange alle 30 Minuten einpinseln, bis alles verbraucht ist. Dann die Ente weitere 24 Stunden trocknen lassen, bis die Haut fast wie Pergament aussieht.

**5** Den Backofen auf 200 °C vorheizen. Die Ente auf einen Gitterrost mit darunter liegendem Backblech in den Ofen schieben und 30 Minuten braten. Dann die Temperatur auf 150 °C herunterschalten und die Ente in weiteren 70 Minuten fertigbraten.

**6** Inzwischen aus Mehl, 2 EL Sesamöl, wenig Salz und 175 ml kochendem Wasser einen elastischen Teig kneten und abgedeckt 1 Stunde ruhen lassen.

**7** Dann die Gurke schälen, quer dritteln oder vierteln und längs in dünne Spalten schneiden. Die Frühlingszwiebeln putzen, waschen und längs in feine Streifen schneiden. Die Sojasauce mit Essig, Zucker und Stärke verrühren und einmal aufkochen lassen.

**8** Teig, wie auf Seite 40 beschrieben, zu kleinen Mandarin-Pfannkuchen formen und ausbacken. In Alufolie wickeln und warm halten.

**9** Die Ente etwas abkühlen lassen, das Fleisch samt der Haut vom Knochen lösen und in sehr dünne Scheiben schneiden. Mit den Gurkenspalten, den Frühlingszwiebelstreifen und der Sauce auf den Pfannkuchen anrichten, aufrollen.

# Exotische Hähnchenschenkel

## die hauen wirklich jeden um

» Ich serviere dazu immer feine Eiernudeln, die ich mit vorgegarten Brokkoliröschen und feingeschnittenen Chilis angebraten habe. Die Krönung: frisch geriebene Kokosraspel. «

### Für 4 Personen

Sie brauchen dazu 40 Minuten
(+ 30 Minuten braten lassen)

➤ *Auch fürs Buffet geeignet*

**DIESE BASICS BRAUCHEN SIE:**
*1 EL geriebene Ingwerwurzel*
*1 EL heller Sesamsamen*
*3 EL Sesamöl*

**DIE RESTLICHEN ZUTATEN:**
*4 große Hähnchenschenkel*
*Salz*
*Pfeffer aus der Mühle*
*Saft von 1 Limette (ersatzweise*
  *Zitrone)*
*2–3 Msp. gemahlener Safran*
*200 g Naturjoghurt*
*3 EL Speisestärke*
*1 kleine Zwiebel*
*4 Knoblauchzehen*
*5 EL Keimöl*
*200 ml Gemüsebrühe*

**1** Den Backofen auf 200 °C vorheizen. Die Hähnchenschenkel waschen, trockentupfen und mit der Geflügelschere jeweils in den Ober- und Unterschenkel teilen. Mit Salz und Pfeffer rundum einreiben.

**2** Den Limettensaft mit Ingwer, Safran, Sesamsamen und -öl, Joghurt und Stärke mit dem Schneebesen kräftig verrühren. Die Zwiebel und die Knoblauchzehen schälen, fein hacken und unter die Sauce mischen.

**3** In einem Bräter das Keimöl erhitzen und die Hähnchenschenkel mit der Hautseite nach oben darin anbraten. Die Hautseite der Hähnchenschenkel dick mit etwa drei Viertel der Sauce bestreichen. Dann den Bräter in den Ofen schieben und die Schenkel in etwa 15–20 Minuten knusprig braten.

**4** Restliche Joghurtsauce mit der Gemüsebrühe verrühren, mit Salz und Pfeffer abschmecken. Die Sauce etwa 10 Minuten vor Garzeitende zu den Hähnchen in den Bräter geben.

# Fonduetraum aus Fernost
## ideal wenn Gäste kommen

**Für 4 Personen**

Sie brauchen dazu 1 1/4 Stunden

➤ *Für besondere Anlässe*

**DIESE BASICS BRAUCHEN SIE:**
*1 cm großes Stück Ingwerwurzel*
*12 EL Sesamöl*
*7 EL Sojasauce*
*50 g heller Sesamsamen*
*1/2 EL geriebene Ingwerwurzel*
*1 EL Kokosraspel*

**DIE RESTLICHEN ZUTATEN:**
*1 Möhre*
*4 Chilischoten*

*7 Knoblauchzehen*
*1 1/2 l Geflügel- oder Fleischbrühe*
*1 EL Honig*
*3 EL Obstessig*
*1 Schalotte*
*Saft von 2 Limetten (ersatzweise*
  *Zitronen)*
*4 EL Ketchup, Salz*
*100 g Naturjoghurt*
*1 EL Mangochutney*
*1 TL Curry*
*1 EL gehacktes Koriandergrün*
  *(ersatzweise Petersilie)*
*Pfeffer aus der Mühle*
*800 g Putenbrust-, Rinder-*
  *oder Kalbsfilet*

**1** Möhre und Ingwerstück schälen und in dünne Streifen schneiden. Mit 5 EL Sesamöl, 2 Chilischoten, 4 Knoblauchzehen samt Schale und 4 EL Sojasauce in die Brühe geben und 15 Minuten köcheln lassen.

**2** Inzwischen Sesamsamen mit 5 EL Sesamöl, Honig, Essig und restlicher Sojasauce im Mixer zu einer glatten Sauce pürieren.

**3** Die Schalotte und übrigen Knoblauch schälen, in kleine Würfel schneiden. Restliche Chilischoten von Stielansatz und Samen befreien und in feine Ringe schneiden. Schalotte, Knoblauch und Chilischoten mit Limettensaft, Ketchup und geriebenem Ingwer zu einer Sauce verrühren, salzen.

**4** Den Joghurt mit übrigem Sesamöl, Chutney, Curry, Kokosraspeln und Koriander zu einer Sauce verrühren. Mit Salz und Pfeffer würzen.

**5** Das Fleisch waschen, trockentupfen und in etwa 1 cm große Würfel schneiden. Die Brühe in einen Fonduetopf gießen und am Tisch heiß halten. Die Sauce in kleine Schälchen füllen.

**6** Das Fleisch nach und nach in Fonduesiebchen geben und in der Brühe in wenigen Minuten garen. Das Fleisch nach Belieben in die Saucen dippen.

# 6

# Ideen für Drinks und Desserts

In Asien ist der krönende Abschluß einer Mahlzeit meistens frisches Obst, denn was gibt es Feineres als aromatisch-saftige Früchte frisch vom Baum? Nur an Feiertagen werden süße Leckereien und Drinks zubereitet, sie sind etwas ganz Besonderes. Sie können sich aber jeden Tag von diesen Köstlichkeiten verwöhnen lassen – wenn Sie möchten.

# Süße Versuchungen

## 1 Nussiger Knusperspaß

FÜR 4 PERSONEN

1 EL Keimöl erhitzen. 4 EL Zucker und 10 EL Honig dazugeben und unter vorsichtigem Rühren hellbraun karamelisieren lassen. 200 g helle Sesamsamen und 500 g geröstete Erdnüsse (ungesalzen!) dazugeben und unter Rühren 10 Minuten rösten. Ein Backblech mit Alufolie auslegen und mit Wasser befeuchten. Die Nuß-Sesam-Masse 1 cm dick darauf streichen und mit einer angefeuchteten Palette oder einem Messer mit flexibler Klinge glattstreichen. 1 Stunde ruhen lassen, dann in mundgerechte Stücke brechen.

**SERVIEREN:** Die Knusperecken zu Eis reichen oder einfach pur genießen.

**DAS EXTRA:** Verwenden Sie statt der Erdnüsse einmal gehäutete Haselnuß- oder Cashewkerne.

## 2 Lycheegranité mit Mandelflip

FÜR 4 PERSONEN

Für das Granité 2 Dosen Lychees (Abtropfgewicht 200 g) in ein Sieb geben und abtropfen lassen, den Saft dabei auffangen. Das Fruchtfleisch mitsamt dem Saft in einen Mixer geben und pürieren. Das Püree in eine Form aus Metall füllen und in den Gefrierschrank stellen, bis sich kleine Kristalle gebildet haben, dabei etwa alle 15 Minuten kurz durchrühren. Für den Mandelflip je 50 ml süße Sahne und Milch, 1 EL Marzipanrohmasse, das Mark von 1 Vanilleschote, 1 EL Zucker, Saft von 1/2 Zitrone und 8 Tropfen Mandelaroma in den Mixer geben und aufmixen.

**SERVIEREN:** Das Lycheegranité in Sorbetschalen füllen und mit dem Mandelflip aufgießen. Mit frischer Minze oder Zitronenmelisse garnieren.

**DAS EXTRA:** Nach Belieben das Lycheepüree mit 2–3 EL Orangenlikör oder Amaretto abschmecken.

## 3 Mangoreis mit Mandelkrokant

FÜR 4 PERSONEN

Für den Mangoreis 2 vollreife Mangos schälen und das Fruchtfleisch vom Kern schneiden. Mit dem Stabmixer pürieren, dann durch ein Sieb passieren. Das Fruchtpüree mit 1/2 l Milch, 1 aufgeschlitzten Vanilleschote, 4 EL Zucker und dem Saft und der abgeriebenen Schale von 2 Zitronen aufkochen. 150 g Milchreis unterrühren und etwa 20 Minuten im geschlossenen Topf sanft köcheln lassen. Dabei ab und zu umrühren, damit der Reis nicht anbrennt. Nach dem Garen die Vanilleschote entfernen. Für das Krokant 80 g gehäutete Mandeln fein hacken. 2 EL Zucker hellbraun karamelisieren lassen und die Mandeln untermischen, abkühlen lassen. Zu große Krokantstücke eventuell kleiner hacken.

**SERVIEREN:** Den Mangoreis in gut gekühlte Schälchen füllen, Mandelkrokant darüber streuen.

**DAS EXTRA:** Sehr lecker schmecken dazu große Kugeln Vanilleeis.

## 4 Karamelisierte Bananen mit Sesam

FÜR 4 PERSONEN

Für einen Ausbackteig 130 g Mehl sieben und mit 1 Ei, 1 Eigelb und 6 EL Wasser mit den Schneebesen des Handrührgerätes zu einem Teig verarbeiten, kurz ruhen lassen. 1/2 l Pflanzenöl in einem Topf auf 180 °C erhitzen. Für das Karamel je 3 EL Keim- und Sesamöl erhitzen. 150 g Zucker dazugeben und unter vorsichtigem Rühren hellbraun karamelisieren, warm halten. 2 nicht zu weiche Bananen jeweils quer in vier Stücke schneiden. Die Bananenstücke nach und nach durch den Teig ziehen und im heißen Öl in 3 Minuten goldbraun fritieren. Dann mit 2 EL hellem Sesamsamen in dem Karamel wenden. Die Bananenstücke für wenige Sekunden in Eiswasser tauchen und das Karamel erkalten lassen.

**SERVIEREN:** Kleine Dessertteller mit Puderzucker bestäuben und die karamelisierten Bananen hübsch darauf anrichten. Nach Belieben mit einigen Minze- oder Melisseblättchen garnieren.

**DAS EXTRA:** Eine interessante Note bekommen die Bananen, wenn Sie sie mit je 1 EL hellen und schwarzen Sesamsamen (Schwarzkümmel) im Karamel wenden.

## 5 Gebackene Ananas mit erfrischendem Ingwer-Orangen-Schaum

**FÜR 4 PERSONEN**

1 EL Zucker, 2 EL Wasser, 2 EL Cointreau, 3 Gewürznelken und 1 Zitronenscheibe zusammen aufkochen, dann auskühlen lassen. 1/2 Ananas schälen, vierteln, Strunk entfernen und die Viertel quer in etwa 1 cm dicke Scheiben schneiden. Die Ananasstücke in den Sirup geben, 1 Stunde ziehen lassen. 1/2 l Pflanzenöl in einem Topf auf 180 °C erhitzen. Für einen Ausbackteig 1 Ei, 400 ml kaltes Wasser, 150 g Speisestärke und 50 g Mehl kräftig verschlagen. Die Ananasstücke abtropfen lassen, nacheinander durch den Teig ziehen und in dem heißen Öl goldbraun fritieren, auf Küchenpapier abtropfen lassen. Inzwischen für die Sauce Saft von 2 Orangen, 5 EL Cointreau, 1 Msp. geriebene Ingwerwurzel, 1 Ei, 1 Eigelb und

1 EL Zucker über einem heißen Wasserbad in 3 Minuten schaumig aufschlagen, dann in einem kaltem Wasserbad kalt schlagen.

**SERVIEREN:** Jeweils etwas Sauce auf einen kleinen Dessertteller geben und einige Ananasstückchen hineinsetzen.

**DAS EXTRA:** Verfeinern Sie zur Winterzeit den Ingwer-Orangen-Schaum mit 2–3 Msp. Lebkuchengewürz.

## 6 Fruchtcreme mit Maracuja und Banane

**FÜR 4 PERSONEN**

1 Banane in Scheiben schneiden, in 1 EL zerlassener Butter andünsten. 1 EL Zucker darüber streuen und hell karamelisieren lassen. 70 ml Maracujasaft und 1 EL Zitronensaft dazugeben und alles mit dem Stabmixer pürieren oder durch ein Sieb streichen. 200 ml Milch, 60 g Zucker und 1 aufgeschlitzte Vanilleschote aufkochen lassen. Schote entfernen, das Maracuja-Bananen-Püree unterrühren. 3 Eigelbe mit 5 EL der Milch verschlagen, dann unter die heiße Milch mischen. Unter Rühren bis knapp unter den Siedepunkt erhitzen, bis die Masse dicklich wird. 3 Blatt eingeweichte weiße Gelatine dazugeben, unter Rühren auflösen lassen. Die Masse in einem kalten Wasserbad so lange weiterschlagen, bis sie kalt ist. Zum Schluß 100 g süße Sahne steif schlagen und unterheben.

**SERVIEREN:** Die Fruchtcreme in kleine Schälchen füllen und fest werden lassen. Nach Lust und Laune mit eßbaren Blüten wie Holunder-, Strandrauke-, Stiefmütterchen- oder Rosenblüten dekorieren.

**DAS EXTRA:** Pürieren Sie statt des Saftes das Fruchtfleisch von 5 Passionsfrüchten mit der Banane.

## 7 Ingwer-Früchte-Quark

**FÜR 4 PERSONEN**

300 g Sahnequark mit 3 EL Zucker und dem Mark von 1 Vanilleschote verschlagen. 3 vollreife Pfirsiche kurz in kochendheißes Wasser tauchen, häuten, entkernen und in etwa 1 cm große Würfel schneiden. (Sie können auch 6 abgetropfte Pfirsichhälften aus der Dose verwenden.) Pfirsichwürfel mit 1 TL feingeriebener Ingwerwurzel unter den Quark rühren. 4 Blatt eingeweichte weiße Gelatine bei schwacher Hitze auflösen und unter kräftigem Rühren in die Quarkmasse einlaufen lassen. Zum Schluß 200 g süße Sahne steif schlagen und unterheben.

**SERVIEREN:** Den Früchtequark in kleine Schälchen füllen und fest werden lassen. Kühl servieren!

**DAS EXTRA:** Sehr gut schmeckt der Quark statt der Pfirsiche auch mit entsteinten Sauerkirschen (frisch oder aus dem Glas).

# Drinks mit und ohne Promille

## 1 Ingwertee – heiß oder kalt serviert

### FÜR 4 PERSONEN

80 g Ingwerwurzel schälen und in dünne Scheiben schneiden. Mit 4 Gewürznelken und 1 l Wasser in einen Topf geben und 5 Minuten kochen lassen, vom Herd nehmen. 4 EL grüne Teeblätter in das heiße Wasser geben und 3 Minuten ziehen lassen. Den Tee durch ein feines Sieb abgießen. Den Tee mit 1 EL Honig, 1 EL Zucker und dem Saft von 2 Zitronen abschmecken.

**SERVIEREN:** Den Tee heiß oder kalt in Gläser füllen. 4 Zitronenscheiben mit Gewürznelken spicken und die Gläser damit garnieren.

**DAS EXTRA:** Statt des grünen Tees 4 Beutel Pfefferminztee in dem Ingwerwasser ziehen lassen.

## 2 Melonen-Milch-Shake

### FÜR 4 PERSONEN

400 g Honig- oder Wassermelone schälen und von den Kernen befreien. Das Fruchtfleisch in grobe Würfel schneiden. Mit 300 ml kalter Milch, 4 Kugeln Vanilleeis und 50 ml weißem Rum in einen Mixer geben und kräftig aufmixen.

**SERVIEREN:** Die Flüssigkeit in Longdrinkgläser füllen. 2 cl Grenadine mit einem Teelöffel darauf träufeln. Die Gläser mit kleinen Melonenspalten garnieren.

**DAS EXTRA:** Sehr gut schmeckt der Shake auch, wenn Sie ihn statt mit Vanille- mit fruchtigem Wassereis (Zitronen- oder Himbeergeschmack) zubereiten.

## 3 Henzes Pina Colada

### FÜR 4 PERSONEN

1/2 kleine Banane in Scheiben schneiden und mit 350 ml Ananassaft, 300 ml Kokosmilch, 80 ml Kokoslikör und 250 ml braunem Rum in einen Mixer geben. Das Ganze kräftig aufmixen.

**SERVIEREN:** Longdrinkgläser zur Hälfte mit zerstoßenem Eis füllen und die Flüssigkeit darauf gießen. Die Gläser mit Ananasstücken und Bananenscheiben garnieren.

**DAS EXTRA:** Für Kinder den Colada ohne den Alkohol zubereiten. Statt dessen nach Geschmack entsprechend mehr Ananassaft und Kokosmilch verwenden.

## 4 Cremiger Kokosflip mit Kirschen

### FÜR 4 PERSONEN

150 ml Kokosmilch, 150 ml Kokoslikör, 80 ml süße Sahne und 10 Eiswürfel in einen Mixer geben und kräftig aufmixen.

**SERVIEREN:** In Sektschalen je 2 Eiswürfel und 3 entsteinte und geviertelte Sauerkirschen (frisch oder aus dem Glas) geben. Mit der Flüssigkeit aufgießen, mit 15 cl Sauerkirschsaft auffüllen.

**DAS EXTRA:** Statt der Eiswürfel 5 Kugeln Kokos- oder Vanilleeis mit aufmixen.

## 5 Tropic Cocktail

### FÜR 4 PERSONEN

2 Minzeblättchen hacken und mit 320 ml Grapefruitsaft, 160 ml Kokoslikör, 80 ml Erdbeersirup oder -mark und 5–6 Eiswürfeln in einen Shaker geben, gut schütteln.

**SERVIEREN:** Longdrinkgläser bis zur Hälfte mit Eiswürfeln füllen. Die Flüssigkeit durch ein Sieb auf die Eiswürfel gießen. Mit dünnen Ananasstücken und Cocktailkirschen garnieren. Bunte Strohhalme in die Gläser stecken.

**DAS EXTRA:** Sehr fein und leicht süßlich ist der Saft von Pink Grapefruit.

## 6 Bowle mit Ananas und Himbeeren

### FÜR 4 PERSONEN

1 Ananas schälen, vierteln, den Strunk entfernen und das Fruchtfleisch in etwa 1 cm große Würfel schneiden. Mit 250 g tiefge-

kühlten Himbeeren und 1 Flasche trockenem Weißwein in ein Bowlengefäß geben und abgedeckt 1 Stunde im Kühlschrank ziehen lassen. Dann mit 1 Flasche trockenem Sekt oder Champagner aufgießen.

**SERVIEREN:** Früchte und Flüssigkeit in Cocktailschalen füllen. Einen bunten Spieß aus Glas oder Holz oder einen kleinen Löffel hineinstecken.

**DAS EXTRA:** Ananas und Himbeeren in Wein und zusätzlich 300 ml Martini und der abgeriebenen Schale von 1 unbehandelten Limette oder Zitrone ziehen lassen.

## 7 Lycheebowle

#### FÜR 4 PERSONEN

2 Dosen Lychees (Abtropfgewicht 200 g) in ein Sieb geben und abtropfen lassen. Die Früchte mit 4 cl Cointreau, 4 cl Cognac und dem Saft von 1 Zitrone in ein Bowlengefäß geben. Mit 1 Flasche trockenem Weißwein aufgießen und abgedeckt 1 Stunde im Kühlschrank ziehen lassen. Dann mit 1 Flasche trockenem Sekt oder Champagner aufgießen.

**SERVIEREN:** Früchte und Flüssigkeit in feine Glastassen füllen. Glas- oder Holzspieße oder einen kleinen Löffel hineinstecken. Mit Minzeblättchen garnieren.

**DAS EXTRA:** Die Früchte in Cointreau, Cognac, Zitronensaft und zusätzlich 100 ml Kokosmilch und 3 Msp. frisch geriebener Muskatnuß ziehen lassen.

## 8 Fruchtiger Rum-Punsch

#### FÜR 4 PERSONEN

80 ml Rum, 80 ml Cointreau, Saft von 8 Blutorangen, 4 Spritzer Grenadine und 2 EL Honig verrühren und so lange in das Gefriergerät stellen, bis die Flüssigkeit eisgekühlt ist.

**SERVIEREN:** Die Flüssigkeit in eisgekühlte, hohe, schmale Gläser oder Sektkelche füllen. Mit 400 ml eisgekühltem Sekt oder Champagner aufgießen.

**DAS EXTRA:** Für ganz besondere Anlässe die Glasränder zuerst in etwas Orangensaft, dann in feine Kokosraspel tauchen. Kokosrand antrocknen lassen, die Gläser in das Gefriergerät stellen und schön kalt werden lassen.

## 9 Landhaus Fire

#### FÜR 4 PERSONEN

160 ml Wodka, 4 cl Southern Comfort, 60 ml Maracujasaft und den Saft von 1 Zitrone mit 5–6 Eiswürfeln in einen Shaker geben und kräftig durchschütteln.

**SERVIEREN:** Den Boden von Cocktailgläsern mit zerstoßenem Eis bedecken. Die Flüssigkeit durch ein Sieb auf das Eis gießen. Mit einer unbehandelten Zitronenschalenspirale garnieren.

**DAS EXTRA:** Ein 1 1/2 cm großes Stück Ingwerwurzel schälen und in 8 hauchfeine Scheiben schneiden. Je 2 Ingwerscheiben vor dem Aufgießen mit der Flüssigkeit unter das Eis in die Gläser legen.

## 10 Süßer Sahnegrog

#### FÜR 4 PERSONEN

80 ml weiße Crème de Cacao, 160 ml weißen Rum, 240 ml Kokosmilch, 80 ml süße Sahne, 1 kleines Stück unbehandelte Zitronenschale und 3 Gewürznelken in einen Topf geben und erhitzen, aber nicht kochen lassen. Mit braunem oder weißem Zucker oder Kandis oder mit Ahornsirup nach Belieben süßen. Zitronenschale und Nelken entfernen und die Flüssigkeit mit einem Stabmixer gründlich aufschäumen.

**SERVIEREN:** Die Flüssigkeit in kleine hitzebeständige Gläser füllen.

**DAS EXTRA:** Sehr fein schmeckt der Grog auch, wenn Sie statt der Kokosmilch das Fruchtwasser von frisch geöffneten Kokosnüssen verwenden. 2 Kokosnüsse jeweils an einem Auge durchbohren, das Wasser herauslaufen lassen und auffangen. Die Nüsse etwa 10 Minuten in den 180 °C heißen Ofen legen, bis die Schale springt. Nüsse halbieren. Aus doppelter Alkohol- und Sahnemenge und Kokoswasser den Drink zubereiten. Mit Strohhalmen in den Kokosnußhälften servieren.

# Register

# Impressum

### Christian Henze,

geboren am 27. Juni 1968 in Füssen, legte den Grundstock für seine Karriere in seiner Heimat, hier erhielt er eine gründliche Kochausbildung. Danach machte er im Landhotel Schloßwirtschaft in Illereichen – seinem ersten Sternerestaurant – Station, bevor es ihn nach Zürich zu Agnes Amberg, in eines der besten Restaurants der Schweiz zog. Nachdem er sich anschließend den letzten Schliff für die Spitzengastronomie in Eckart Witzigmanns „Aubergine" in München geholt hatte, jettete er zwei Jahre lang als Privatkoch von Gunter Sachs um die Welt.
Nach diesen ereignisreichen Jahren erfüllte er sich im Juni 1995 seinen Traum vom eigenen Landhaus auf hohem Niveau in Probstried im Allgäu. Sein Talent und Engagement und der Einsatz seiner mittlerweile 23 Angestellten ließen das Restaurant unaufhaltsam zur besten Adresse der Region werden. Seine zahlreichen Auszeichungen wurden im November 1999 vom ersten Michelin-Stern gekrönt. Fast zum gleichen Zeitpunkt nominierte die Zeitschrift „Der Feinschmecker" Christian Henze zum Aufsteiger des Jahres. Bei der Endausscheidung kam er als Vize-Aufsteiger auf den zweiten Platz. Henzes Karriere führte aber nicht nur in der Gastronomie steil bergauf, auch in den Medien ist er ganz oben mit dabei. Regelmäßig verrät er Zuschauern von ZDF, TM3 und NTV sowie Hörern von RSA und Bayern 1 immer wieder neue, kreative Rezepte und Profitricks.
Daneben hat er auch noch Zeit gefunden, zwei Kochbücher zu schreiben. Das erste mit dem Titel „Einfach gut kochen" ist im März 1998 bei GU erschienen und wurde knapp 1 1/2 Jahre später mit der Silbermedaille der Gastronomischen Akademie Deutschlands ausgezeichnet. Das zweite – „Einfach asiatisch" – halten Sie gerade in den Händen.
Trotz seines Erfolgs und seiner vielen Verpflichtungen läßt es sich Christian Henze nicht nehmen, tagtäglich persönlich für seine Gäste zu kochen.

Ermöglicht hat ihm diesen Erfolg seine Frau Pia, die ihm auch im größten Streß den Rücken freihält, wichtige Termine organisiert und ihm auch sonst tatkräftig zur Seite steht.

Im Landhaus sind Sie immer herzlich willkommen. Christian und Pia Henze freuen sich auf Ihren Besuch.
Landhaus Henze
Wohlmutser Weg 2
87463 Probstried
Tel. (08374) 58 32-0
Fax (08374) 58 32-22
www.landhaus-henze.de

### Ein Dank des Autors

an Jörg Köcher, Souschef im Landhaus Henze, der sich das Rezept auf Seite 78 einfallen ließ. An Daniel Gillmann und Tobias Mucha, die alle Rezeptideen nochmals probegekocht haben. Und an seine Mutter, Erika Henze, die alle seine Rezeptnotizen in Künstlerschrift in lesbare Rezeptanleitungen verwandelte.

### Dankeschön an…

…die Firma WMF für die Kooperation und Unterstützung bei der Buchproduktion. Dank auch an die Firma Küchen Dross in Kempten, in deren Koch-Studio die Actionfotos produziert wurden.

© 2000 Gräfe und Unzer Verlag GmbH, München

REDAKTION: Sabine Sälzer
LEKTORAT UND DTP: Christina Kempe
UMSCHLAG- UND INNENLAYOUT: Claudia Fillmann, independent Medien-Design
HERSTELLUNG: Markus Plötz
FOODFOTOS: Martina Görlach, FoodPhotografie Eising, München
ACTIONFOTOS MIT CHRISTIAN HENZE: Alexander Walter
LITHOS: Repro Schmidt, Dornbirn
DRUCK UND BINDUNG: Appl, Wemding

ISBN 3-7742-1732-7

| AUFLAGE: | 5. | 4. | 3. | 2. | 1. |
|---|---|---|---|---|---|
| JAHR: | 04 | 03 | 02 | 01 | 00 |